すらすら韓国語
-入門編-

★★★

申明直 監修
辛教燦・盧恩明 著

HAKUEISHA

まえがき

　言語は固有の文化と歴史を盛り込んでいると同時に、様々なコミュニティ間の疎通を図る手段でもあります。 したがって、皆さんが韓国語を学ぶということは、好きな音楽やスポーツ、ファッション、ドラマなど、韓国関連コミュニティとの交流を始めることを意味します。 この本は、皆さんがそういった好きなコミュニティに出会うため韓国に行った時を想定して作り、韓国語をすらすら話せるように案内するための道しるべと言えます。

　本書は大きく「発音」と「会話」に分けて構成されています。まず、「発音」では訓民正音の創製原理をはじめとする、子音と母音の基本的な発音と法則を学びます。創製原理とは、宇宙を構成する基本要素である天地人と陰陽（母音）、口の形と加画・並書（子音）を指し、これらを学ぶことによって正確な韓国語の発音を身につけることができます。
　次に、「会話」では六何の原則 (5W1H) である「いつ、どこで、だれが、なにを、なぜ、いかにして」に基づき、それらを人、物、場所、時間、動詞・形容詞の活用に当てはめ、韓国人と簡単なコミュニケーションができるようになることを目標に構成されています。

　各課ごとの内容としては、1課 - 3課では基本の発音と法則を、4課 - 7課ではあいさつと人、物、場所に関する表現を学び、8課 -9課では時間の表現や数字、10課 -13課では状況と理由を説明する動詞と形容詞の活用方法を学びます。皆さんが14課すべての学習を終えたあとには、韓国のどこへ行っても簡単なコミュニケーションができる韓国語が身についていることでしょう。
　また、この教材の特長として、導入部から最後の課に至るまで、先生と学生のキャラクターが対話方式で、ハングルと韓国語の特徴、発音や

文型などを解説しています。これらは、学習者がより一層楽しく韓国語を学べるマスコットの役割を十分に果たすと思います。

　私たちはこのテキストを通して、皆さんがより易しく楽しく韓国語を学び、多くのコミュニティとふれあい、話せるようになることを心から願っています。

著者一同

音声ファイルは、
QRコードをスキャンするとご確認いただけます。

iii

まえがき

目次

ハングル(한글)
について

ハングル（한글）について

ハングルの創製

① 韓国語の音を書き表す文字であるハングルは15世紀に朝鮮王朝の4代目の王である世宗大王により独自的に作られました。
② 発音器官と宇宙の形象をかたどって作られた科学的な文字であり
③ 音声言語を正確で容易に表記でき
④ 身分の低い民のため難しい漢字の代わりに簡単に覚えて使えるよう作られました。

訓民正音(解例本)
(創製当初のハングルの名称でもある)

『訓民正音(훈민정음)』は、ハングルを作った目的、原理、読み方などの解説が書かれた本で、ユネスコ世界記録遺産に登録されています。
ハングルを作った世宗大王の功績を称え、ユネスコは1990年から、国際識字デーである毎年9月8日、母国語の識字率の向上に貢献した個人や団体に「ユネスコ世宗識字賞」を授与しています。

2

ハングル創製の意義

自主精神：中国語(漢字)と韓国語の違いを認識し
愛民精神：文字が分からず困っている民を可哀そうに想い
創造精神：それまで無かった新しい文字を
実用精神：誰もが容易に読み書きできるように創製

ハングル創製の他にも素晴らしい業績を残した世宗大王(세종대왕)は、韓国で最も尊敬されており、1万ウォン札に肖像画が載っています。
さらに、韓国の首都ソウルに位置する「光化門(광화문)」(朝鮮王朝の宮殿「景福宮(경복궁)」の正門) の前の「光化門広場(광화문광장)」には世宗大王の銅像があります。

世宗大王の肖像画(左)と銅像(右)

ハングルの構成

カナ	ト	マ	ト
ローマ字	to	ma	to
ハングル	初声 ㅌ 中声ㅗ	初声・中声 마	初声 ㅌ 中声ㅗ
	토	마	토

『ハングル(한글)』は、子音と母音の組み合わせにより音節単位で言葉を表記し、可読性に優れた文字になっています。

母音の形が、縦に長い「ㅣ(人)」の場合は初声の右側に、横に長い「ㅡ(地)」の場合は初声の下側に書くんですね！

母音・子音

모음·자음

母音・子音
모음・자음

---

1 **母音①：「天地人」と「陰陽」の思想**

1-1

| 母音①

字母	ㅏ	ㅓ	ㅗ	ㅜ	ㅡ	ㅣ
発音	a	ʌ	o	u	ɯ	i
名称	아	어	오	우	으	이

| 発音のコツ

ㅏ	a		口を大きく開けて発音
ㅓ	ʌ		口を「お」の時より大きくポカンと開けて発音
ㅗ	o		唇を小さく丸めて発音
ㅜ	u		唇を小さく丸めて突き出すように発音
ㅡ	ɯ		唇を丸めず横に広げて発音
ㅣ	i		唇を横に広げて発音

▍天地人の思想「基本字」

原理	天（空・太陽）	地（大地）	人
字形	●	―	｜
発音	[a]	[ɯ]	[i]

▍天地人の組み合わせ「初出字」

天 ●	地 ―		人 ｜	
	∸	⊤	｜●	●｜
発音	[o]	[u]	[a]	[ʌ]

ハングルの母音の創製原理は「天地人」の思想です。空や太陽を表す「・」、大地を表す「―」、人を表す「｜」の組み合わせによりハングルのすべての母音が作られました。

陽性母音と陰性母音

	太陽：東 / 西	太陽：上 / 下
陽性（明るい）	ㅏ	ㅗ
陰性（暗い）	ㅓ	ㅜ

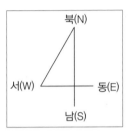

「・(天)」の位置によって陽性母音(上/右・東・外)と陰性母音(下/左・西・中)に分かれます。
陽性母音は明るくて軽い発音、陰性母音は暗くて重い感じの発音になります。陽性母音と陰性母音は文法的にも大事なので、「ㅏ / ㅗ」と「ㅓ / ㅜ」は必ず区別して覚えましょう。

아이
[a i]

오이
[o i]

ハングルは子音と母音が合わさって一つの文字(音節)になるんですね！

書き方・書き順

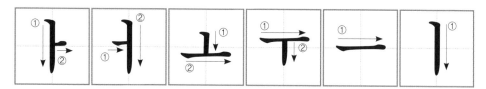

書き順に沿って書いてみましょう。
子音「ㅇ」は反時計回りで書きます。

母音①で表記できる文字(音節)

아	아									
어	어									
오	오									
우	우									
으	으									
이	이									

母音①で表記できる言葉

1-2

아이	子供	아이		
어이	おい	어이		
오이	キュウリ	오이		
아우	下の兄弟	아우		
으아	うわぁ	으아		

2 子音①：「牙/舌/唇/歯/喉」と「加画・並書」の原理

子音①「牙音/舌音/喉音」と加画の原理

字母	ㄱ	ㄴ	ㄷ	ㄹ	ㅇ
発音	k (g)	n	t (d)	r (l)	無音
名称	기역	니은	디귿	리을	이응

牙 ㄱ：舌根が喉をふさぐ形
舌 ㄴ：舌が上歯茎に付く形
唇 ㅁ：口の形
歯 ㅅ：歯の形
喉 ㅇ：喉の形

牙 ㄱ k/g

ㄱ - 舌根が喉を塞ぐ形

舌 ㄴ n ㄷ t/d ㄹ r/l

ㄴ - 舌が上歯茎に付く形

子音は人の発音器官をかたどって作りました。
牙音の「ㄱ」は、舌根が喉を塞ぐ形を、
舌音の「ㄴ」は、舌が上歯茎に付く形をかたどっています。
舌音の「ㄷ」と「ㄹ」は、「ㄴ」に画数を加えて作ったものです。

人の発音器官という普遍的特徴を持つハングルは、国籍や使用言語にかかわらず誰でも覚えやすいように作られたんですね！

書き方・書き順

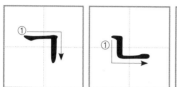

> 書き順に沿って書いてみましょう。

母音①と子音①の組み合わせで表記できる文字（音節）

	ㅏ		ㅓ	ㅗ	ㅜ	ㅡ		ㅣ
ㅇ								
ㄱ				ㄱ ㅗ				
ㄴ								
ㄷ	—							ㄷㅣ
ㄹ								

母音①と子音①の組み合わせで表記できる言葉

가구	家具	가구			
구두	革靴	구두			
거리	街/距離	거리			
고기	肉	고기			
나라	国	나라			
나이	年齢	나이			
누나	姉	누나			
너	君	너			
다리	脚/橋	다리			
도로	道路	도로			
라디오	ラジオ	라디오			
기러기	雁	기러기			
우리	私たち	우리			
오리	アヒル	오리			

「ㄱ」と「ㄷ」は、語中では濁る発音になる場合があるので、「가구」は［カク］ではなく［カグ］になり、「고기」は［コキ］ではなく［コギ］になるんですね！

| 聞き取り

よく聞いてみましょう。

よく聞いて正しいものを〇で囲んでください。

1　① 아　　　② 어　　　　2　① 우　　　② 오

3　① 나　　　② 너　　　　4　① 아가　　② 아이

5　① 오이　　② 어이　　　6　① 오리　　② 우리

7　① 가구　　② 고기　　　8　① 거리　　② 다리

9　① 나이　　② 나라　　　10　① 기러기　② 라디오

3 母音②：「天地人」と「陰陽」の思想

| 母音②

字母	ㅑ	ㅕ	ㅛ	ㅠ	ㅐ	ㅔ
発音	ja	jʌ	jo	ju	ɛ	e
名称	야	여	요	유	애	에

| 天地人の組み合わせと陰陽

天・人 ㅣ		天・ 地 ㅡ	
ㅏ [a]	ㅑ [ja]	ㅗ [o]	ㅛ [jo]
ㅓ [ʌ]	ㅕ [jʌ]	ㅜ [u]	ㅠ [ju]

| 陽性母音と陰性母音

	太陽：東 / 西	太陽：上 / 下
陽性（明るい）	ㅏ ㅑ	ㅗ ㅛ
陰性（暗い）	ㅓ ㅕ	ㅜ ㅠ

> 母音①の「ㅏ/ㅓ/ㅗ/ㅜ」に「・(天)」をもう一つ結合して
> 「ㅑ/ㅕ/ㅛ/ㅠ」の新しい母音(再出字)が作られました。
> 発音は、「ㅣ」＋「ㅏ/ㅓ/ㅗ/ㅜ」になります。
> 母音①と同様、「・(天)」の位置によって陽性母音 (上/右・東・外)
> と陰性母音(下/左・西・中)に分かれます。
> 「ㅐ」と「ㅔ」は、母音①の「ㅏ」と「ㅓ」にそれぞれ
> 「ㅣ」が結合して作られました。発音はほぼ同じです。

書き方・書き順

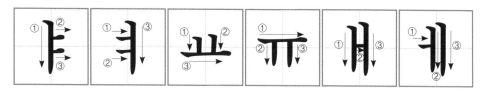

書き順に沿って書いてみましょう。

母音②で表記できる文字（音節）

야	야						
여	여						
요	요						
유	유						
애	애						
에	에						

母音①と②で表記できる言葉

1-7

야유	揶揄	야유			
여유	余裕	여유			
요요	ヨーヨー	요요			
우애	友愛	우애			
에이	A	에이			

15

母音①②と子音①の組み合わせで表記できる言葉

야구	野球	야구				
여기	ここ	여기				
요가	ヨガ	요가				
요구	要求	요구				
유도	柔道/誘導	유도				
유리	ガラス/有利	유리				
개	犬	개				
게	カニ	게				
겨우	やっと	겨우				
네	はい	네				
내다	出す	내다				
노래	歌	노래				
대기	大気/待機	대기				
데우다	温める	데우다				
고려	高麗/考慮	고려				
교류	交流	교류				

4 　子音②：「牙/舌/唇/歯/喉」と「加画・並書」の原理

子音②「唇音/歯音/喉音」と加画の原理

字母	ㅁ	ㅂ	ㅅ	ㅈ	ㅎ
発音	m	p(b)	s	ʧ(ʤ)	h
名称	미음	비읍	시옷	지읒	히읗

唇
歯
喉

ㅁ m　ㅂ p/b

ㅅ s　ㅈ ʧ/ʤ

ㅇ 無音　ㅎ h

ㅁ - 口の形

ㅅ - 歯の形

ㅇ - 喉の形

唇音の「ㅁ」と「ㅂ」は、唇を閉じた形を
歯音の「ㅅ」と「ㅈ」は、歯の形を
喉音の「ㅇ」と「ㅎ」は、喉の形をかたどっています。
基本字「ㅁ/ㅅ/ㅇ」より強い発音を表記するため、それぞれの
基本字に画数を加え新しい子音「ㅂ/ㅈ/ㅎ」が作られました。

練習

書き方・書き順

書き順に沿って書いてみましょう。

1-9

子音②と母音①で表記できる文字（音節）

	ㅏ	ㅓ	ㅗ	ㅜ	ㅡ	ㅣ
ㅁ				모 무		
ㅂ						
ㅅ						
ㅈ						지
ㅎ						

18

子音②と母音②で表記できる文字（音節）

	ㅑ	ㅕ	ㅛ	ㅠ	ㅐ	ㅔ
ㅁ						
ㅂ		벼				
ㅅ						
ㅈ						제
ㅎ						

子音①②と母音①②で表記できる言葉

모자	帽子	모자			
어머니	母	어머니			
구매	購買	구매			
바다	海	바다			
아버지	父	아버지			
두부	豆腐	두부			
서류	書類	서류			
가수	歌手	가수			
세배	新年の挨拶	세배			
지구	地球	지구			

자유	自由	**자유**			
제주도	済州島	**제주도**			
하나	1つ	**하나**			
허리	腰	**허리**			
휴가	休暇	**휴가**			

子音①と同様に「ㅂ」と「ㅈ」は、語中では濁る発音になる場合があるので、「모자」は［モチャ］ではなく［モジャ］になり、「아버지」は［アポチ］ではなく［アボジ］になるんですね！

| 聞き取り

1-12

よく聞いてみましょう。

よく聞いて正しいものを○で囲んでください。

1　① 가수　　② 가지　　2　① 하나　　② 하마

3　① 주소　　② 지구　　4　① 머리　　② 소리

5　① 모자　　② 사자　　6　① 자유　　② 서류

7　① 바지　　② 버스　　8　① 거리　　② 다리

9　① 하루　　② 허리　　10　① 호두　　② 휴가

激音・濃音・二重母音

거센소리 · 된소리 · 이중모음

激音・濃音・二重母音

거센소리·된소리·이중모음

Chapter 02

1 子音③：激音「加画」の原理

| 子音③

字母	ㅋ	ㅌ	ㅍ	ㅊ
発音	k^h	t^h	p^h	$tʃ^h$
名称	키읔	티읕	피읖	치읓

牙 ㄱ k/g   ㅋ kʰ

舌 ㄴ n ㄷ t/d ㅌ tʰ   ㄹ r/l

唇 ㅁ m ㅂ p/b ㅍ pʰ

歯 ㅅ s ㅈ tʃ/dʒ ㅊ tʃʰ

> 激音は、子音①②の「ㄱ/ㄴ(ㄷ)/ㅁ(ㅂ)/ㅅ(ㅈ)」に画数を加え、語中でも濁音化されない強い発音を表記するための子音です。

> 激音は、基本字に画数を加えて発音がより強いことを表す「加画」の原理によって作られたんですね！
> 確かに発音する時、息が破裂するように口の外に漏れます！

22

書き方・書き順

書き順に沿って書いてみましょう。

子音③と母音①で表記できる文字（音節）

2-1

	ㅏ	ㅓ	ㅗ	ㅜ	ㅡ	ㅣ
ㅋ		ㅋ ㅓ				
ㅌ						
ㅍ						ㅍ ㅣ
ㅊ						

子音③と母音②で表記できる文字（音節）

2-2

	ㅑ	ㅕ	ㅛ	ㅠ	ㅐ	ㅖ
ㅋ						
ㅌ						
ㅍ			ㅍ ㅛ			
ㅊ						ㅊ ㅖ

┃ 子音①②③と母音①②で表記できる言葉

커피	コーヒー	**커피**				
카메라	カメラ	**카메라**				
코	鼻	**코**				
마스크	マスク	**마스크**				
유튜브	YouTube	**유튜브**				
아파트	アパート	**아파트**				
타다	乗る	**타다**				
도토리	どんぐり	**도토리**				
피자	ピザ	**피자**				
포도	ぶどう	**포도**				
페이	ペイ	**페이**				
아프다	痛い	**아프다**				
치마	スカート	**치마**				
유자차	ゆず茶	**유자차**				
고추	唐辛子	**고추**				
티셔츠	Tシャツ	**티셔츠**				

よく聞いてみましょう。

よく聞いて正しいものを〇で囲んでください。

1 ① 치마 ② 지도 2 ① 티셔츠 ② 디저트

3 ① 베스트 ② 마스크 4 ① 커피 ② 거미

5 ① 도토리 ② 토토로 6 ① 아토피 ② 아파트

7 ① 피자 ② 비자 8 ① 바다 ② 포도

9 ① 호주 ② 고추 10 ① 유자차 ② 아차차

2 子音④：濃音「並書」の原理

| 子音④

字母	ㄲ	ㄸ	ㅃ	ㅆ	ㅉ
発音	ˀk	ˀt	ˀp	ˀs	ˀʧ
名称	쌍기역	쌍디귿	쌍비읍	쌍시옷	쌍지읒

牙 ㄱ k/g　　ㅋ kʰ　ㄲ ˀk

舌 ㄴ n　ㄷ t/d　ㅌ tʰ　ㄸ ˀt　　ㄹ r/l

唇 ㅁ m　ㅂ p/b　ㅍ pʰ　ㅃ ˀp

歯 ㅅ s　ㅈ ʧ/ʤ　ㅊ ʧʰ　ㅆ ˀs　ㅉ ˀʧ

濃音は、子音①②の「ㄱ/ㄷ/ㅂ/ㅅ/ㅈ」を「並書」の原理により2つずつ並べて新しく作られた子音です。各発音器官を緊張させ平音(子音①②)より強く発音しますが、激音とは違って息は口の外に漏れないようにします。

濃音は、「真っ赤/買った/いっぱい/あっさり/小っちゃい」の「っか/った/っぱ/っさ/っちゃ」のように、「っ」が前にある時の発音と似ているんですね！

書き方・書き順

書き順に沿って書いてみましょう。

子音④と母音①で表記できる文字（音節）

2-5

	ㅏ	ㅓ	ㅗ	ㅜ	ㅡ	ㅣ
ㄲ	ㄲㅏ					
ㄸ						
ㅃ						
ㅆ						ㅆㅣ
ㅉ						

子音④と母音②で表記できる文字（音節）

2-6

	ㅑ	ㅕ	ㅛ	ㅠ	ㅐ	ㅔ
ㄲ		ㄲㅕ				
ㄸ						
ㅃ						
ㅆ						
ㅉ					ㅉㅐ	

┃ 子音①②③④と母音①②で表記できる言葉

꼬리	尻尾	꼬리				
깨	ゴマ	깨				
토끼	うさぎ	토끼				
따다	とる	따다				
또	また	또				
머리띠	ヘアバンド	머리띠				
뿌리	根	뿌리				
오빠	兄	오빠				
뼈	骨	뼈				
쓰다	書く/使う	쓰다				
비싸다	高い	비싸다				
아저씨	おじさん	아저씨				
찌개	チゲ	찌개				
가짜	偽物	가짜				
쪼개다	割る	쪼개다				

| 聞き取り

よく聞いてみましょう。

よく聞いて正しいものを○で囲んでください。

1　① 따다　　② 타다　　　2　① 부리　　② 뿌리

3　① 토끼　　② 도끼　　　4　① 꼬리　　② 고리

5　① 자다　　② 짜다　　　6　① 조개　　② 찌개

7　① 사다　　② 싸다　　　8　① 아저씨　② 여주시

9　① 오빠　　② 어부　　　10　① 보리차　② 머리띠

3　二重母音

▌母音③

2-9

字母	ㅐ	ㅒ	ㅘ	ㅙ	ㅚ	ㅝ	ㅞ	ㅟ	ㅢ
発音	jɛ	je	wa	wɛ	we	wʌ	we	wi	ɰi
名称	얘	예	와	왜	외	워	웨	위	의

▌発音のコツ

ㅒ	ㅣ+ㅐ	口を大きく開けてㅣ+ㅐを早く発音する
ㅖ	ㅣ+ㅔ	ㅣ+ㅔを早く発音する
ㅘ	ㅗ+ㅏ	ㅗ+ㅏを早く発音する
ㅙ	ㅗ+ㅐ	ㅗ+ㅐを早く発音する
ㅚ	ㅗ+ㅣ	形はㅗ+ㅣだが、発音はㅗ+ㅐとほぼ同じ
ㅝ	ㅜ+ㅓ	ㅜ+ㅓを早く発音する
ㅞ	ㅜ+ㅔ	ㅜ+ㅔを早く発音する
ㅟ	ㅜ+ㅣ	唇を突き出してから横に広げてㅜ+ㅣを早く発音する
ㅢ	ㅡ+ㅣ	唇を横に広げたままㅡ+ㅣ発音する

本当はひとつひとつ違う音ですが、「ㅐ, ㅒ」はほぼ同じ発音
で、「ㅙ, ㅚ, ㅞ」もほぼ同じ発音になります。

「ㅗ」は「ㅏ / ㅐ / ㅣ」と、「ㅜ」は「ㅓ / ㅔ / ㅣ」と結合します。
また「ㅢ」は、唇を突き出さず横に広げて発音するところが
「ㅟ」との違いですね！

書き方・書き順

2-10

書き順に沿って書いてみましょう。

母音③と子音①②③④の組み合わせで表記できる文字(音節)

	ㅐ	ㅖ	ㅘ	ㅙ	ㅚ	ㅝ	ㅞ	ㅟ	ㅢ
ㄱ	개								
ㄴ									
ㄷ									
ㄹ									
ㅁ									
ㅂ									
ㅅ									
ㅇ									의
ㅈ									
ㅊ					최				
ㅋ									
ㅌ									
ㅍ									
ㅎ			화						
ㄲ									
ㄸ									
ㅃ									
ㅆ									
ㅉ									

31

母音①②③と子音①②③の組み合わせで表記できる言葉

얘기	話し	얘기				
예비	予備	예비				
시계	時計	시계				
차례	順序	차례				
과자	菓子	과자				
사과	リンゴ	사과				
화가	画家	화가				
왜	なぜ	왜				
돼지	豚	돼지				
유쾌	愉快	유쾌				
뇌	脳	뇌				
회사	会社	회사				
교외	校外	교외				
추워요	寒いです	추워요				
뭐예요	何ですか	뭐예요				
줘요	ください	줘요				
웨이터	ウェイター	웨이터				
스웨터	セーター	스웨터				
궤도	軌道	궤도				
가위	ハサミ	가위				

쉬다	休む	쉬다				
뒤	後ろ	뒤				
의사	医者	의사				
회의	会議	회의				
우리의	私たちの	우리의				

「ㅢ」は一般的に、語頭では「ㅢ」、音価のある子音(初声)と
結合する場合や語中・語末では「ㅣ」、助詞「の」の意味を
表す場合は「ㅔ」と発音します。

2–12

| 聞き取り

よく聞いてみましょう。

よく聞いて正しいものを〇で囲んでください。

1　① 게　　　② 계　　　2　① 뇌　　　② 뒤

3　① 왜　　　② 예　　　4　① 거의　　② 가위

5　① 추워요　② 스웨터　6　① 화가　　② 사과

7　① 애기　　② 얘기　　8　① 의사　　② 이사

9　① 돼지　　② 대지　　10　① 더워요　② 도와요

パッチム・発音法則

받침·발음법칙

パッチム・発音法則

받침·발음법칙

| それぞれの文字の下の部分にある ㄴ や ㄹ の子音 → 「パッチム」

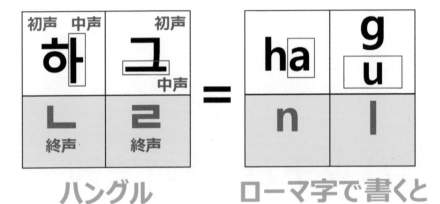

ハングル　　　　　ローマ字で書くと

一つの文字(音節)の最後の音価である「終声」のことをパッチムと言います。パッチムには発音によって子音①②③④が使われ、発音は大きく7種類に分かれます。

ローマ字は子音と母音を全て横に並べて書きますが、ハングルはパッチムを「初声」と「中声」の下に書いて一つの音節をまとめて表記するため、可読性に優れた書き方になっているんですね！

1　パッチム①：有声音(ㄴㅁㅇㄹ)

有声音と流音

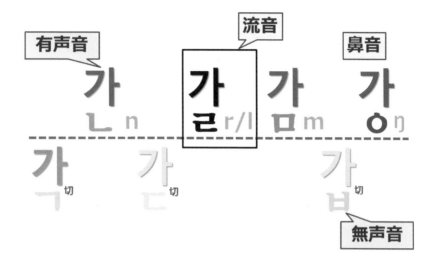

発音のコツ

간	kan	舌の先を軽くかむつもりで鼻の奥を 響かせながら「ん」と発音する 「かんどう(感動)」 「あんドーナッツ」「ほんの」の「ん」
감	kam	唇を閉じて鼻の奥を響かせながら 「ん」と発音する 「かんめい(感銘)」 「あんみつ」「ほんもの」の「ん」
강	kaŋ	舌を後ろに引き、口は母音を発音するときの開けたままの形 で、鼻の奥を響かせながら「ん」と発音する 「あんこ」「かんがえ」の「ん」 「マンガ」の「ン」
갈	kal	舌の先を上の歯の少し後ろに付けて終わる 英語の「r」のように巻き舌にしない 「あっらまあ！」の「っ」

37

第3課 パッチム・発音法則

2 パッチム②：無声音(ㄱㄷㅂ)

無声音

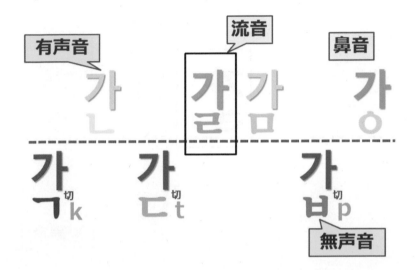

発音のコツ

각	kak	口は母音を発音するときの開けたままの形で、舌の根元で喉をふさぎ、「っ」と発音する 「サッカー」の「ッ」 「かっこう(格好)」の「っ」
갇	kat	息の流れを止めるように舌の先を軽くかむつもりで「っ」と発音する 「きっと」の「っ」 「カッター」の「ッ」
갑	kap	息の流れを止めるように、唇を閉じて「っ」と発音する 「カップ」の「ッ」 「やっぱり」の「っ」

3 パッチム③：7終声(代表音)

7終声(代表音)

牙 舌 　 唇 喉
가 가 가 갈 감 가 강
ㄱ(切) ㄴ ㄷ(切) ㄹ ㅁ ㅂ(切) ㅇ

ㅋ 　 ㅌ 　 ㅍ
ㄲ 　 ㅅㅆ
ㅈㅊㅎ

パッチムの代表音と発音

代表音	パッチムの例	発音
ㄱ	낙, 낚	[낙]
	억, 엌	[억]
ㄴ	간	[간]
ㄷ	낟, 낫, 낮, 낱, 낳, 났	[낟]
	빗, 빚, 빛	[빋]
	옷, 옻	[옫]
ㄹ	달	[달]
ㅁ	감	[감]
ㅂ	덥, 덮	[덥]
ㅇ	강	[강]

39

パッチムとして使用される子音は、19個ある子音から「ㄸ/ㅃ/ㅉ」を除いた16個です。ただし、発音は代表音の7つになります。

形が違っても代表音が同じパッチムであれば、同じ発音になるんですね！

練習

| 子音と母音を組み立てて文字（音節）を完成させましょう。

	ㅇ+ㅑ+ㄱ= 약		ㅅ+ㅏ+ㄴ= 산
①	ㅇ+ㅓ+ㅋ=	⑧	ㅇ+ㅗ+ㅅ=
②	ㄱ+ㅕ+ㅌ=	⑨	ㅅ+ㅜ+ㅍ=
③	ㅁ+ㅣ+ㅊ=	⑩	ㅎ+ㅐ+ㅆ=
④	ㄴ+ㅏ+ㄲ=	⑪	ㄴ+ㅗ+ㅎ=
⑤	ㅂ+ㅏ+ㅂ=	⑫	ㄸ+ㅏ+ㄹ=
⑥	ㄱ+ㅗ+ㄷ=	⑬	ㅊ+ㅏ+ㅈ=
⑦	ㅃ+ㅏ+ㅇ=	⑭	ㅈ+ㅏ+ㅁ=

すらすら韓国語 入門編

3-1

書き順に沿って書いてみましょう。

パッチムが入る言葉

식사	食事	식사				
부엌	キッチン	부엌				
깎다	値切る	깎다				
언니	姉	언니				
사진	写真	사진				
닫다	閉める	닫다				
웃다	笑う	웃다				
있다	ある/いる	있다				
꽂다	挿す	꽂다				
쫓다	追う	쫓다				
끝	終わり	끝				
좋다	良い/好き	좋다				
울다	泣く	울다				
얼굴	顔	얼굴				
감자	じゃが芋	감자				
엄마	母	엄마				
수업	授業	수업				
컵	コップ	컵				
무릎	膝	무릎				
숲	森	숲				
옆	横/側	옆				
안녕	おはよう	안녕				
공생	共生	공생				
영상	映像	영상				

41

子音の名称

ㄱ	ㄴ	ㄷ	ㄹ	ㅁ	ㅂ	ㅅ
[k/g]	[n]	[t/d]	[r/l]	[m]	[p/b]	[s]
기역	니은	디귿	리을	미음	비읍	시옷

ㅇ	ㅈ	ㅊ	ㅋ	ㅌ	ㅍ	ㅎ
[-/ŋ]	[ʧ/ʤ]	[ʧʰ]	[kʰ]	[tʰ]	[pʰ]	[h]
이응	지읒	치읓	키읔	티읕	피읖	히읗

ㄲ	ㄸ	ㅃ	ㅆ	ㅉ
[ˀk]	[ˀt]	[ˀp]	[ˀs]	[ˀʧ]
쌍기역	쌍디귿	쌍비읍	쌍시옷	쌍지읒

漢数字のハングル表記

1	2	3	4	5	6	7	8	9	十	百
일	이	삼	사	오	육	칠	팔	구	십	백

聞き取り

よく聞いてみましょう。

よく聞いて正しいものを〇で囲んでください。

1　① 산　　　② 삼　　　　2　① 곰　　　② 공

3　① 밥　　　② 밤　　　　4　① 발　　　② 밭

5　① 별　　　② 병　　　　6　① 밖　　　② 방

7　① 섞다　　② 젓다　　　8　① 쑥　　　② 숲

9　① 꽂다　　② 꼽다　　　10　① 웃다　　② 울다

4 発音法則①：二重パッチム

二重パッチムの発音

子音2つが同時にパッチムとして表記されるものを二重パッチムと言います。
左か右のどちらかを発音します。

二重パッチムは2つあるパッチムの中で、発音するのは「牙/舌/唇/歯/喉」の早い順になるけど、「ㄲ/ㅄ」は唇音の「ㅁ/ㅍ」を発音するんですね！

そうです。また、二重パッチム「ㄼ」の場合、「ㄹ」を発音しますが、「밟다」のみ、唇音の「ㅂ」を発音します。

5　発音法則②：連音化

| 連音化

例 パッチム	한국어	일본어	직업어	금요일	술이
発音	한구거	일보너	지거비	그묘일	수리
例 二重パッチム	읽어요	앉아요	넓어도	밟아서	읊으니
発音	일거요	안자요	널버도	발바서	을프니

パッチムの次に母音が来ると、パッチムが後続の「ㅇ」の部分に移動したような発音になります。これを連音と言います。

例 パッチム	고양이	강아지	영어	공원
発音	고양이	강아지	영어	공원

でも、パッチム「ㅇ」の後ろに母音が来るときは、連音しないので、しっかりパッチム「ㅇ」の発音をしてから、後続の母音を発音するんですね！

6 発音法則③：代表音と連音化

代表音の連音化

例 分かち書き	옷✓안 服 中	몇✓인분 何 人分	밭✓아래 畑 下
発音	옫안⇨오단	면인분⇨며딘분	받아래⇨바다래
例 異二単語	겉옷 外衣	헛웃음 空笑い	값있는 値打ちあり
発音	겉옷⇨거돋	헏웃음⇨허두슴	갑있는⇨가빈는

パッチムの後ろに、固有の意味を持つ「○」から始まる単語が来る時は2段階の発音の変化が起きます。
1段階は、「갃/갂→각」「갓/갔/갖/갗/갇/같→갇」「값→갑」のように代表音に変わります。

2段階は、パッチムの代表音が後続の「○」の場所に移動する連音化ですね！

7　発音法則④：鼻音化・流音化

鼻音化と流音化

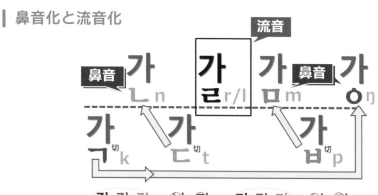

갇,갑,각 + 나, 마 → 간,감,강 + 나, 마

代表音が「ㄱ(k)/ㄷ(t)/ㅂ(p)」であるパッチムの後に鼻音「ㄴ/ㅁ」が続くと、パッチムの発音はそれぞれ「ㅇ/ㄴ/ㅁ」に変化します。さらに、「ㅁ/ㅇ/ㄱ(k)/ㄷ(t)/ㅂ(p)」のパッチムに後続する「ㄹ」は「ㄴ」の発音に変わり、「ㄱ(k)/ㄷ(t)/ㅂ(p)」のパッチムはそれぞれ「ㅇ/ㄴ/ㅁ」の発音になりますが、これを鼻音化と言います。黄色の矢印でつながっているのは、口の中で調音する位置が近いことを指します。鼻音化する際、調音する位置が近い子音(鼻音)の発音に変わります。

また、パッチムと次に続く子音の組み合わせが「ㄴ」と「ㄹ」の場合、一般的にどちらも「ㄹ」と発音されますが、これを流音化と言うんですね！

3-6

鼻音化①	국물	먹는다	걷는다	끝났어	입문	앞머리	합니다
ㄱ,ㄷ,ㅂ ↓ ↓ ↓ ㅇ,ㄴ,ㅁ	궁물	멍는다	건는다	끈나써	임문	암머리	함니다
	갇,갑,각 + 나, 마 → 간,감,강 + 나, 마						
鼻音化②	음력	심리	정류장	종로	국립	몇리	수업료
ㄹ→ㄴ	음녁	심니	정뉴장	종노	궁닙	면니	수엄뇨
	감,강+라→감,강+나　각,갇,갑+라→강,간,감+나						
流音化	난로	연락	한라산	전라도	물난리	줄넘기	설날
ㄹ+ㄹ	날로	열락	할라산	절라도	물랄리	줄럼기	설랄
	간+라 or 갈+나→갈+라						

47

8 発音法則⑤：濃音化

濃音化

濃音化①	약국	작다	듣고	낯설다	십분	잡지	옆집
ㄱ→ㄲ ㄱ ㄷ→ㄸ ㄷ ㅂ→ㅃ ㅂ ㅅ→ㅆ ㅈ→ㅉ	약꾹	작따	듣꼬	낟썰다	십뿐	잡찌	엽찝
	각,갇,갑+ㄱㄷㅂㅅㅈ → 각,갇,갑+ㄲㄸㅃㅆㅉ						

濃音化②	신고	앉지	떫지	감고	숨다	굶기	젊지만
語幹 ㄱ→ㄲ ㄴ ㄷ→ㄸ ㄹ ㅂ→ㅃ ㅁ ㅅ→ㅆ ㅈ→ㅉ	신꼬	안찌	떨찌	감꼬	숨따	굼끼	점찌만
	動詞・形容詞語幹간,갅・같・갋,감+ㄱㄷㅂㅅㅈ →語幹간,갅・같・갋,감+ㄲㄸㅃㅆㅉ						

濃音化③	갈등	발전	길가	술잔	할 것을	갈 데가	살 집
ㄱ→ㄲ ㄷ→ㄸ ㄹ ㅂ→ㅃ ㅅ→ㅆ ㅈ→ㅉ	갈뜽	발쩐	길까	술짠	할꺼슬	갈떼가	살찝
	漢字語갈+ㄷㅅㅈ, 複合語갈, 名詞修飾갈✓+ㄱㄷㅅㅈ → 〜+ㄲㄸㅃㅆㅉ						

濃音化には、3つの種類があります。
①代表音が「ㄱ(k)/ㄷ(t)/ㅂ(p)」のパッチムの後に続く平音
「ㄱ/ㄷ/ㅂ/ㅅ/ㅈ」は、濃音の発音になります。
②動詞・形容詞の語幹のパッチムが「ㄴ/ㄲ/ㄹㅌ/ㄹㅂ/ㅁ」の場
合、後続の平音「ㄱ/ㄷ/ㅂ/ㅅ/ㅈ」は濃音に変化します。

③漢字語・複合語・名詞を修飾する文字のパッチムが「ㄹ」
の場合も、後続の平音「ㄱ/ㄷ/ㅂ/ㅅ/ㅈ」は濃音の発音に
なりますね!

9　発音法則⑥：その他

その他の発音法則

激音化	국화	급하다	못해요	앉히다	좋다	많지요	이렇게
ㄱ→ㅋ ㄷ→ㅌ ㅎ ㅂ→ㅍ ㅈ→ㅊ	구콰	그파다	모태요	안치다	조타	만치요	이러케
	각걷갑갖+ㅎ→가+ㅋㅌㅍㅊ			갛+ㄱㄷㅂㅈ→ㅋㅌㅍㅊ			
・ㄴ添加 ・ㅎ脱落	시청역 市庁・駅	색연필 色・鉛筆	꽃잎 花・びら	좋아요	많아서	옳아요	낳아요
複合語パッチム 後のㅇ→ㄴ	시청녁	생년필	꼰닙	조아요	마나서	오라요	나아요
갛ㅇ:가	複合語각+ㄴ+야여요유이			갛갔갛+ㅇ→가+ㅇ,ㄴ,ㄹ			
・口蓋音化 ・「의」発音	해돋이	같이	닫히다	의사	희망	회의	친구의
ㄷ이:지 ㅌ이:치 의,이,에	해도지	가치	다치다	의사	히망	회이	친구에
	갇+이→가지, 같+히→가치			最初의:의, 2番目後의:이, ～の의:에			

「ㄱ/ㄷ/ㅂ/ㅈ」の前か後ろに「ㅎ」が来る場合、連続する2つの子音を続けて発音すると、発音がくっついてそれぞれ激音「ㅋ/ㅌ/ㅍ/ㅊ」の発音に変わります。これを激音化と言います。

「시청역」のように複合語の中で先行の言葉が子音で終わり、後続の言葉の初音節が「야/여/요/유/이」である場合は「ㄴ」の音を付け加えて発音する「ㄴ添加」になりますね！

パッチム「ㅎ」は、母音(初声が「ㅇ」)の前ではほぼ発音されません。これを「ㅎ脱落」と言います。

パッチム「ㄷ/ㅌ」の後に「이」が続くと「지/치」と発音し、「히」が続くと「치」と発音する口蓋音化になるんですね！

また、一般的に「의」が所有格(助詞「の」)として用いられる場合、「의」の発音は「에」と発音することが多いです。

あいさつ

인사

あいさつ
인사

会話文

 4-1

다나카 : 선생님 안녕하세요? 처음 뵙겠습니다.
선생님 : 만나서 반갑습니다.

다나카 : 저는 시라카와 대학교 한국어 학과 다나카입니다.
선생님 : 잘 부탁합니다.

다나카 : 안녕히 계세요.
선생님 : 안녕히 가세요.

新出語句

선생님	先生	저	私
―는	～は	시라카와	白川
대학교	大学	한국어	韓国語
학과	学科	―입니다	～です

挨拶

잘 부탁합니다	よろしくお願いします	안녕하세요?	こんにちは
만나서 반갑습니다	お会いできて嬉しいです	처음 뵙겠습니다	はじめまして
고맙습니다	ありがとうございます	감사합니다	感謝します
괜찮습니다	大丈夫です/平気です	미안합니다	ごめんなさい
안녕히 계세요	さようなら(残る人へ)	실례합니다	失礼します
안녕히 가세요	さようなら(去る人へ)	어서 오세요	いらっしゃいませ

▶ -은 / -는　～は

4-2

· 저는 야마다입니다.
　私は 山田です。

主格助詞	～は
사람～ (パッチム有)	-은
친구～ (パッチム無)	-는

· 선생님은 최현구 씨입니까?
　先生は チェ・ヒョングさんですか。

· 학과는 한국어 학과입니다.
　学科は 韓国語学科です。

> 「는/은」は、日本語の「～は」と同じ意味を持つ助詞です。
> 単語の末尾にパッチムがある場合は「은」、末尾にパッチムが
> ない場合は、「는」を付けます。末尾とは、単語の最後の文字
> のことです。

▶ -입니다 / -입니까?　～です / ～ですか

4-3

· 저는 다나카입니다.
　私は 田中です。

· 이민수 씨입니까?
　イ・ミンスさんですか。

· 선생님입니까?
　先生ですか。

· 시라카와 대학교입니다.
　白川大学です。

-은/-는	～は	-씨	～さん
-입니까?	～ですか		

❶ [例文]のように、適切なものを入れて文を完成させましょう。

> [例文] 이민수 씨(은/는) 학생입니다.

(1) 안녕하세요? 저(　　) 다나카입니다.
(2) 선생님(　　) 이민수 씨입니까?
(3) 다나카 씨(　　) 선생님입니까?
(4) 학교 이름(　　) 시라카와 대학교입니다.

❷ [例文]のように、適切なものを入れて文を完成させましょう。

> [例文] 저는 이민수(입니다/입니까).

(1) 저는 한국 사람(＿＿＿＿＿＿＿＿).
(2) 민수 씨는 학생(＿＿＿＿＿＿＿＿)?
(3) 학과는 한국어 학과(＿＿＿＿＿＿＿＿)?
(4) 다나카씨는 일본 사람(＿＿＿＿＿＿＿).

❸ 次の中から適切な言葉を選び、会話を完成させましょう。

> 괜찮습니다　감사합니다　어서 오세요　고맙습니다　미안합니다

(1) A : 여기 앉으세요. （ここに座ってください）

　　B : ＿＿＿＿＿＿＿＿＿＿＿＿＿＿ （感謝します）

(2) A : 생일 축하합니다. （誕生日おめでとうございます）

　　B : ＿＿＿＿＿＿＿＿＿＿＿＿＿＿ （ありがとうございます）

(3) A : ＿＿＿＿＿＿＿＿＿＿＿＿＿＿ （ごめんなさい）

　　B : ＿＿＿＿＿＿＿＿＿＿＿＿＿＿ （大丈夫です/平気です）

(4) A : 실례합니다. （失礼します）

　　B : ＿＿＿＿＿＿＿＿＿＿＿＿＿＿ （いらっしゃいませ）

❹ 日本語を韓国語に変えて自己紹介をしてみましょう。

・こんにちは。

　：＿＿＿＿＿＿＿＿＿＿＿＿＿＿＿＿＿＿

・はじめまして。

　：＿＿＿＿＿＿＿＿＿＿＿＿＿＿＿＿＿＿

・私は（　　　　　）大学・（　　　　　）学科の（氏名　　　　　　）です。

　：＿＿＿＿＿＿＿＿＿＿＿＿＿＿＿＿＿＿＿＿＿＿＿＿＿

・お会いできてうれしいです。

　：＿＿＿＿＿＿＿＿＿＿＿＿＿＿＿＿＿＿

・よろしくお願いします。

　：＿＿＿＿＿＿＿＿＿＿＿＿＿＿＿＿＿＿

・ありがとうございます。

　：＿＿＿＿＿＿＿＿＿＿＿＿＿＿＿＿＿＿

会話文日本語訳

田中：先生、こんにちは。はじめまして。

先生：お会いできて嬉しいです。

田中：私は白川大学韓国語学科の田中です。

先生：よろしくお願いします。

田中：さようなら。

先生：さようなら。

ひと

사람

ひと
사람

会話文

선생님 : 안녕하세요. 이름이 무엇입니까?

이민수 : 저는 이민수입니다.

이민수 : 선생님은 어느 나라 사람입니까?

선생님 : 네, 저는 일본 사람입니다.

이민수 : 다나카 씨는 회사원입니까?

다나카 : 아니요, 저는 회사원이 아닙니다. 학생입니다.

新出語句

무엇	何	어느	どの
나라	国	사람	人
한국	韓国	일본	日本
회사원	会社員	학생	学生

文型

▶ **-이 / -가　～が(～は)**

・이름이 무엇입니까?

　名前が(は)何ですか。

- 학교가 시라카와 대학교입니까?
  学校が（は）白川大学ですか。

- 직업이 무엇입니까?
  職業が（は）何ですか。

- 학과가 한국어 학과입니까?
  学科が（は）韓国語学科ですか。

主格助詞	～が	～は
사람～ （パッチム有）	-이	-은
친구～ （パッチム無）	-가	-는

日本語では、疑問文の場合や最初に話題を切り出す際に
「～は(-은/-는)」を使いますが、韓国語では「～が(-이/-가)」
が使われます。「-이/-가」を「～が」に訳して不自然な場合
は「～は」と訳してみましょう。

▶ -이 / -가 아닙니다　～ではありません

5-3

- 저는 야마다가 아닙니다.
  私は山田ではありません。

- 저는 한국 사람이 아닙니다.
  私は韓国人ではありません。

- 저는 가수가 아닙니다.
  私は歌手ではありません。

- 저는 중국어 학과 학생이 아닙니다.
  私は中国語学科の学生ではありません。

文型語句

가수	歌手	중국	中国
국적	国籍	중국어	中国語
직업	職業	공무원	公務員
간호사	看護師	의사	医者

59

❶ [例文]のように、適切なものを〇で囲み文を完成させましょう。

> [例文] 다나카 씨(이/⟨가⟩) 일본 사람입니다.

(1) 안녕하세요? 직업(이/가) 무엇입니까?

(2) 화가(이/가) 일본 사람입니다.

(3) 의사 선생님(이/가) 다나카 씨입니까?

(4) 야구 선수(이/가) 한국 사람입니다.

 선생님
 소방관
 경찰관
 발레리나
 의사
 화가
요리사 피아니스트 야구선수

❷ [例文]のように、正しい助詞を〇で囲み、絵と番号を見て適切な
言葉を入れましょう。

> [例文] 저는 공무원(⟨이⟩/가) 아닙니다.
> 저는 (요리사)입니다.

(1)

(2)

(3)

(4)

(1) 저는 미국 사람(이/가) 아닙니다.
　　저는 (＿＿＿＿＿＿＿＿)입니다.

(2) 저는 중국어 선생(이/가) 아닙니다.
　　저는 (＿＿＿＿＿＿＿＿)입니다.

(3) 저는 한국 의사(이/가) 아닙니다.

　　저는 (＿＿＿＿＿＿＿＿)입니다.

(4) 저는 일본 선수(이/가) 아닙니다.

　　저는 (＿＿＿＿＿＿＿＿)입니다.

3 絵を見て適切な言葉を入れましょう。

(1) 민수 씨는 회사원입니까?

　　· 아니요. 민수 씨는＿＿＿＿＿＿(이/가) 아닙니다.
　　· 민수 씨는＿＿＿＿＿＿입니다.

(2) 다나카 씨는 학생입니까?

　　· 아니요. 다나카 씨는＿＿＿＿(이/가) 아닙니다.
　　· 다나카 씨는＿＿＿＿＿＿입니다.

(3) 지수 씨는 의사입니까?

　　· 아니요. 저는 의사(이/가) 아닙니다.
　　· 저는＿＿＿＿＿＿입니다.

(4) 중국어 학과입니까?

　　· 아니요＿＿＿＿＿＿(이/가) 아닙니다.
　　· 저는＿＿＿＿＿＿＿입니다.

(5) 다나카 씨는 요리사입니까?

　　· 아니요. 다나카 씨는＿＿＿＿(이/가) 아닙니다.
　　· 다나카 씨는＿＿＿＿＿＿＿＿＿＿

4 絵を見て、文を完成させ話してみましょう。

(1) 이름이 무엇입니까?

· 저는_____

(2) 히로시 씨 직업이 선생님입니까?

· 아니요,_____아닙니다.

· 히로시 씨는_____

(3) 오쿠보 씨는 한국어 학과 학생입니까?

· 아니요,_____아닙니다.

· 오쿠보 씨는_____

(4) 웨이 씨는 한국 사람입니까?

· 아니요,_____아닙니다.

· 웨이 씨는_____

(5) 학교 이름이 시라카와 대학교입니까?

· 네,_____

· 아니요,_____아닙니다.

(6) 사나 씨 집이 후쿠오카입니까?

· 네,_____

· 아니요,_____아닙니다.

직업	職業	화가	画家
의사	医者	야구 선수	野球選手
소방관	消防士	경찰관	警察官
발레리나	バレリーナ	요리사	料理人
피아니스트	ピアニスト	공무원	公務員
미국	アメリカ	중국	中国
회사원	会社員	간호사	看護師
중국어	中国語	가수	歌手
영어	英語	집	家
후쿠오카	福岡		

会話日本語訳

先生：こんにちは。名前は何ですか。
イ・ミンス：私はイ・ミンスです。

イ・ミンス：先生はどの国の人ですか。
先生：はい、私は日本人です。

イ・ミンス：田中さんは会社員ですか。
田中：いいえ、私は会社員ではありません。学生です。

もの

무엇

もの
무엇

  6-1

야마다 : 다나카 씨, 이것이 무엇입니까?
다나카 : 그것은 가방입니다.

야마다 : 그 옷은 다나카 씨의 옷입니까?
다나카 : 네, 이 옷은 내 옷입니다.

선생님 : 저것은 다나카 씨의 자전거입니까?
다나카 : 아니요, 저것은 제 자전거가 아닙니다.

新出語句

이것	これ	그것	それ
저것	あれ	옷	服
가방	カバン	내(나의)	私の/僕の/俺の
그	その	제(저의)	私の/わたくしの
자전거	自転車		

▶ 이것은 무엇입니까?

이~	그~	저~
この	その	あの
이~	ユ~	저~
これ	それ	あれ
이것	그것	저것

저 책

이 책

그 책

· 이것은 무엇입니까?
  これは何ですか。

· 그것은 교과서입니다.
  それは教科書です。

· 저 교과서는 야마다 씨의 교과서입니까?
  あの教科書は山田さんの教科書ですか。

▶ 이 책은 내/제 책입니다. 누구의 책입니까?

나의(내)	저의(제)	친구의	누구의
私の	わたくしの	友達の	だれの

· 이 책은 내(나의) 책입니다.
  この本は私の本です。

· 저 지갑은 내(나의) 지갑입니다.
  あの財布は私の財布です。

· 이 안경은 친구의 안경입니다.
  この眼鏡は友達の眼鏡です。

· 그 볼펜은 제(저의) 볼펜입니다.
  そのボールペンは私のボールペンです。

내가	私が	제가	わたくしが
누가	誰が	교과서	教科書

67

책	本	볼펜	ボールペン
지갑	財布	안경	眼鏡

練習

❶ 絵を見て適切な言葉を入れましょう。

이것 그것 저것 무엇 가방 책 휴대폰

① A : (_____) 은_____입니다.

② A : (_____) 은_____입니다.

③ A : (_____) 은_____입니까?

　 B : 네, (_____) 은 야마다 씨의_____입니다.

❷ 絵を見て、語群から適切なものを選び文を完成させてください。

의 누구의 내 제 그것 저것

① A : 이것은 야마다 씨 (____) 책입니까?

　 B : 아니요,_____은 야마다 씨 (____) 책이 아닙니다.

② A : 그것은 누구 (____) 가방입니까?

　 B : 이것은 (____/____) 가방입니다.

③ A : 저것은 (_____) 휴대폰입니까?

　 B : _____은 선생님 (____) 휴대폰입니다.

❸ 絵を見て適切な言葉を選び、読んでみましょう。

> 볼펜 지갑 교과서 휴대폰 무엇 이것은 저것은

(1) 이것이_____입니까?

⇒ 그것은_____입니다.

(2) 이것은 이민수 씨의_____입니까?

⇒ 네, 그것은 이민수 씨의_____입니다.

(3) 그것은 다나카 씨의_____입니까?

⇒ 아니요,_____다나카 씨의_____아닙니다.

(4) 저_____은 야마다 씨의_____입니까?

⇒ 아니요,_____야미다 씨의_____아닙니다.

❹ 絵を見て適切な言葉を選び、助詞は○で囲んで文を完成させましょう。

> 자전거 가방 지갑 교통카드 것 아이폰 모자 시계 안경 컴퓨터

(1) 이것이 무엇입니까?

· 그것은_____입니다.

· 그것은 제_____(이/가) 아닙니다.

(2) 그것은 무엇입니까?

· 이것은_____입니다.

· 이것은 제_____(이/가) 아닙니다.

(3) 이것은 무엇입니까?

　　· 그것은＿＿＿＿＿＿입니다.

　　· 그것은 제＿＿＿＿＿(이/가)＿＿＿＿＿＿＿.

(4) 그것은 무엇입니까?

　　· 이것은＿＿＿＿＿＿입니다.

　　· 이것은 제＿＿＿＿＿(이/가)＿＿＿＿＿＿＿.

(5) 저것은 야마다 씨의＿＿＿＿＿＿입니까?

　　· 네, 저것은 내＿＿＿＿＿＿＿.

　　· 아니요, 저것은 내＿＿＿＿＿(이/가) 아닙니다.

(6) 저것(은/는) 야마다 씨의＿＿＿＿＿입니까?

　　· 네, 저것은 내＿＿＿＿＿＿입니다.

　　· 아니요, 저것은 내＿＿＿＿(이/가) 아닙니다.

(7) 이＿＿＿＿(은/는) 다나카 씨의＿＿＿＿입니까?

　　· 네, 그것은 내＿＿＿＿＿＿＿.

　　· 아니요, 그것은 내＿＿＿＿ (이/가)＿＿＿＿＿＿.

(8) 저 카드는＿＿＿＿＿＿입니까?

　　· 네, 저것은＿＿＿＿＿＿＿.

　　· 아니요, 저것은＿＿＿＿＿＿(이/가)＿＿＿＿＿.

이것	これ	그것	それ
저것	あれ	무엇	何
가방	かばん	책	本
휴대폰	携帯電話	-의	〜の
누구	誰	교과서	教科書
볼펜	ボールペン	지갑	財布
안경	眼鏡	컴퓨터	パソコン
자전거	自転車	교통카드	交通カード
아이폰	アイフォン	모자	帽子
시계	時計		

会話日本語訳

山田：田中さん、これは何ですか。
田中：それはカバンです。

山田：その服は田中さんの服ですか。
田中：はい、この服は私の服です。

先生：あれは田中さんの自転車ですか。
田中：いいえ、あれは私の自転車ではありません。

場所

어디

場所
어디

会話文   7-1

이민수 : 여기가 어디입니까?
다나카 : 여기는 도서관입니다.

이민수 : 선생님 연구실은 어디에 있어요?
다나카 : 저쪽에 있어요.

이민수 : 김철수 씨 고향은 어디예요?
김철수 : 제 고향은 서울이에요.

新出語句

여기	ここ	어디	どこ
도서관	図書館	연구실	研究室
고향	故郷	서울	ソウル

文型

こ	そ	あ	ど
이 この	그 その	저 あの	어느 どの
이것(이거) これ	그것(그거) それ	저것(저거) あれ	어느 것(어느 거) どれ
이쪽 こちら	그쪽 そちら	저쪽 あちら	어느 쪽 どちら
여기 ここ	거기 そこ	저기 あそこ	어디 どこ

· 다나카 씨 가방은 어느 것입니까?
　田中さんのカバンはどれですか。

· 내 가방은 이것입니다. 7-2
　私のカバンはこれです。

· 연구실은 어느 쪽입니까?
　研究室はどちらですか。

· 연구실은 그쪽입니다.
　研究室はそちらです。

· 카페는 어디에 있습니까?
　カフェはどこにありますか。

· 카페는 저기에 있습니다.
　カフェはあそこにあります。

▶ 있습니다（硬い敬語）：있어요（柔らかい敬語） 7-3

· 다나카 씨가 있습니다. : 있어요.　　（います）
　田中さんがいます。

· 선생님이 있습니까? : 있어요?　　（いますか）
　先生がいますか。

· 가방이 있습니다. : 있어요.　　（あります）
　カバンがあります。

· 교과서가 있습니까? : 있어요?　　（ありますか）
　教科書があります。

▶ -입니다（硬い敬語）：-예요 / -이에요（柔らかい敬語）

· 요리사예요?
　料理人ですか。

· 가수예요. 7-4
　歌手です。

· 선생님이에요?
　先生ですか。

· 학생이에요.
　学生です。

· 어디예요?
　どこですか。

· 도쿄예요. / 서울이에요.
　東京です。/ ソウルです。

· 이거 뭐예요?
　これ何ですか。

· 그건 교과서예요.
　それは教科書です。

▶ (어디)에 있어요

위	아래/밑	앞	뒤	안	밖	오른쪽	왼쪽	옆	사이
上	下	前	後	中	外	右	左	横・隣	間

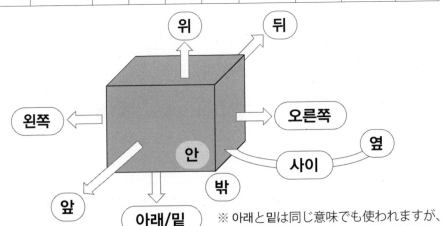

※ 아래と밑は同じ意味でも使われますが、밑は「底/真下」、아래は「ある基準点より低い位置」の意味があります。

7-5

· 교과서는 어디에 있어요?
　教科書はどこにありますか。

· 가방 안에 뭐가 있어요?
　カバンの中に何がありますか。

· 화장실은 어디에 있어요?
　トイレはどこにありますか。

· 호텔 앞에 뭐가 있어요?
　ホテルの前に何がありますか。

· 책상 위에 있어요.
　机の上にあります。

· 가방 안에 휴대폰이 있어요.
　カバンの中に携帯電話があります。

· 식당 오른쪽에 있어요.
　食堂の右側にあります。

· 카페하고 편의점이 있어요.
　カフェとコンビニがあります。

文型語句

카페	カフェ	화장실	トイレ
도쿄	東京	식당	食堂
호텔	ホテル	편의점	コンビニ
교실	教室		

1 絵を見て答えましょう。

(1) 책가방은 어디에 있어요?　　책가방은 책상 _____에 있어요.

(2) 선생님은 어디에 있어요?　　선생님은_____에 있어요.

(3) 교과서는 어디에 있어요?　　교과서는_____에 있어요.

(4) 휴대폰은 어디에 있어요?　　휴대폰은_____에 있어요.

(5) 지갑은 어디에 있어요?　　지갑은 휴대폰 _____에 있어요.

(6) 책상 위에 뭐가 있어요?　　책상 위에_____(이/가) 있어요.

(7) 책상 오른쪽에 누가 있어요?　책상 오른쪽에_____(이/가)
　　　　　　　　　　　　　　　있어요.

(8) 가방 안에 뭐가 있어요?　　가방 안에_____하고_____(이/가)
　　　　　　　　　　　　　　있어요.

2 絵を見て答えましょう。（適切な助詞を〇で囲んでください）

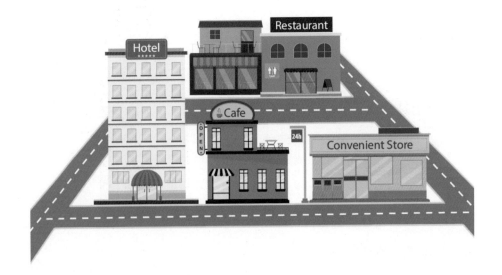

(1) 호텔은 어디에 있어요?　　　카페_____에 있어요.

(2) 편의점은 어디에 있어요?　　카페_____에 있어요.

(3) 식당은 어디에 있어요?　　　편의점_____에 있어요.

(4) 화장실은 어디에 있어요?　　식당_____에 있어요.

(5) 카페는 어디에 있어요?　　　_____하고 편의점_____에 있어요.

(6) 편의점 뒤에 뭐가 있어요?　편의점 뒤에_____(이/가) 있어요.

(7) 식당 앞에 뭐가 있어요?　　식당 앞에_____하고_____(이/가)
　　　　　　　　　　　　　　　있어요.

❸ 次の日本語を韓国語に変えましょう。（適切な助詞を〇で囲んでください）

(1) 田中さんが(は)どこにいますか。 _____(이/가)_____까?

(2) 図書館にいます。 _____다.

(3) 先生が(は)どこにいますか。 _____(이/가)_____까?

(4) 研究室にいます。 _____다.

(5) 携帯はどこにありますか。 _____(은/는)_____요?

(6) 教科書の左側にあります。 _____요.

(7) 眼鏡はどこにありますか。 _____(은/는)_____요?

(8) 机の上にあります。 _____요.

❹ 「-입니다/-입니까?」を「-예요/-이에요」に変えましょう。

(1) 한국 사람입니까? _____?

(2) 일본 사람입니다. _____.

(3) 여기는 어디입니까? _____?

(4) 그쪽이 한국 대학교입니다. _____.

(5) 저기가 아소산입니까? _____?

(6) 한라산은 이쪽입니다. _____.

(7) 어느 쪽이 다나카 씨입니까? _____?

(8) 저 사람이 이민수 씨입니다. _____.

책가방	かばん	휴대폰	携帯電話
아소산	阿蘇山	한라산	ハルラサン

会話日本語訳

イ・ミンス：ここはどこですか。
田中：ここは図書館です。

イ・ミンス：先生の研究室はどこにありますか。
田中：あちらにあります。

イ・ミンス：キム・チョルスさんの故郷はどこですか。
キム・チョルス：私の故郷はソウルです。

買い物

얼마

買い物
얼마

 8-1

会話文

다나카 : 이 김은 얼마예요?
점원　 : 그 김은 한 개에 5,000원이에요.

다나카 : 이 그림엽서하고 그 라면은 얼마예요?
점원　 : 그림엽서는 한 장에 300원이고,
　　　　라면은 한 박스에 27,000원이에요.

다나카 : 김 3개하고 그림엽서 2장, 라면 1박스 주세요. 얼마예요?
점원　 : 모두 42,600원이에요. 봉지는 1장에 50원이에요.

다나카 : 봉지 1장 주세요. 모두 42,650원이에요?
점원　 : 네, 감사합니다.

新出語句

김	海苔	얼마	いくら
한 개	ひとつ/1個	원	ウォン
그림엽서	絵ハガキ	라면	ラーメン
장	枚	박스	ボックス/箱
모두	全部/みんな	봉지	袋

▶ 수（漢数詞・固有数詞）

1	2	3	4	5	6	7	8	9	10
일	이	삼	사	오	육	칠	팔	구	십
하나*	둘*	셋*	넷*	다섯	여섯	일곱	여덟	아홉	열
한 ○	두 ○	세 ○	네 ○						

20	30	40	50	60	100	1,000	10,000	1億
이십	삼십	사십	오십	육십	백	천	만	억
스물*	서른	마흔	쉰	예순				
스무 ○ 스물 한 ○								

※ [　　　　　]*は、単位などが後続する場合に形が変わります。

▶ 단위（単位）

8-2

· 이것은 얼마예요?
　これはいくらですか。

· 그것은 35,000원이에요.
　それは35,000ウォンです。

· 저 바지 얼마예요?
　あのズボンいくらですか。

· 저것은 260,000원이요.
　あれは260,000ウォンです。

· 커피 1잔 얼마예요?
　コーヒー1杯いくらですか。

· 주스 9잔 주세요.
　ジュース9杯ください。

· 콘서트 티켓 얼마예요?
　コンサートチケットはいくらですか。

· 티켓 7장 주세요.
　チケット7枚ください。

▶ -하고

8-3

· 몇 명이에요?
何名ですか。

· 커피 2잔하고 주스 8잔 주세요.
コーヒー2杯とジュース8杯ください。

· 라면 1박스하고 콜라 4병 주세요.
ラーメン1箱とコーラ4本ください。

· 사과 20개하고 과자 3봉지 주세요.
リンゴ20個とお菓子3袋ください。

· 남자 1명하고 여자 5명이에요.
男性1名と女性5名です。

· 얼마예요?
いくらですか。

· 전부 얼마예요?
全部でいくらですか。

· 전부 48,650원이에요.
全部で48,650ウォンです。

文型語句

수/숫자	数/数字	주세요	ください
전부	全部(で)	얼마예요	いくらですか
생선	魚	콜라	コーラ
과자	お菓子	마리	匹
사과	リンゴ	물수건	おしぼり
개	個	병	瓶

84

練習

1 絵を見て文を完成させましょう。(数字はハングルで)

가방
120,000원

구두
24cm
89,000원

우산
5,000원

★ 가격표 ★
삼각김밥 1,000원

★ 가격표 ★
생수 850원

★ 가격표 ★
교통카드 4,000원

★ 가격표 ★
떡볶이 3,500원

(1) 가방은 얼마예요?　　　　　　　　　가방은＿＿＿＿＿＿＿＿＿＿＿원이에요.

(2) 가방에 주머니가 몇 개예요?　　　　가방 주머니는＿＿＿＿＿＿＿＿개예요.

(3) 구두는 얼마예요?　　　　　　　　　구두는＿＿＿＿＿＿＿＿＿＿＿원이에요.

(4) 발 사이즈가 몇 센티예요?　　　　　발 사이즈는＿＿＿＿＿＿＿＿센티예요.

(5) 떡볶이는 얼마예요?　　　　　　　　떡볶이는＿＿＿＿＿＿＿＿＿원이에요.

(6) 떡볶이 몇 인분 드릴까요? (3人前)　떡볶이＿＿＿＿＿＿＿＿＿인분 주세요.

(7) 삼각김밥하고 생수는 얼마예요?

　　⇒ 삼각김밥은＿＿＿＿＿＿＿원이고, 생수는＿＿＿＿＿＿＿＿＿원이에요.

(8) 교통카드하고 우산 주세요. 전부＿＿＿＿＿＿＿＿＿＿＿＿＿＿원이에요.

2 絵を見て文を完成させましょう。 (数字はハングルで)

사과 1개 2,000원	생선 1마리 5,000원	김 1개 1,000원	커피 1잔 4,500원	과자 1봉지 1,200원

온라인 팬미팅
LIVE VIEWING

친구 8명	김밥 1인분 3,000원	컵라면 1개 1,500원	티켓 1장 20,000원

(1) 사과가 몇 개예요? ＿＿＿＿＿＿＿＿＿＿＿＿＿＿개예요.

(2) 생선이 몇 마리예요? ＿＿＿＿＿＿＿＿＿＿＿＿＿＿마리예요.

(3) 커피는 몇 잔이에요? ＿＿＿＿＿＿＿＿＿＿＿＿＿＿잔이에요.

(4) 과자 한 봉지에 얼마예요? ＿＿＿＿＿＿＿＿＿＿＿＿＿＿원이에요.

(5) 온라인 팬미팅 티켓은 얼마예요? ＿＿＿＿＿＿＿＿＿＿＿＿원이에요.

(6) 컵라면하고 김밥은 얼마예요?

⇒ 컵라면은＿＿＿＿＿＿＿＿＿＿원, 김밥은＿＿＿＿＿＿＿＿＿원이에요.

(7) 김은 만 원에 몇 개예요? ＿＿＿＿＿＿＿＿＿＿＿＿＿＿개예요.

(8) 친구가 몇 명이에요? 친구는＿＿＿＿＿＿＿＿＿명이에요.

❸ 日本語を韓国語に変えましょう。(数字はハングルで)

(1) 海苔はいくらですか。　　　　　　　　＿＿＿＿＿＿＿＿＿＿＿＿요?

(2) 海苔は5,000ウォンです。　　　　　　　＿＿＿＿＿＿＿＿＿＿＿＿요.

(3) このハガキはいくらですか。　　　　　　＿＿＿＿＿＿＿＿＿＿＿＿요?

(4) そのハガキは300ウォンです。　　　　　＿＿＿＿＿＿＿＿＿＿＿＿요.

(5) おしぼり2つと水ください。　　　　　　＿＿＿＿＿＿＿＿＿＿＿＿요.

(6) 買い物袋1枚ください。　　　　　　　　＿＿＿＿＿＿＿＿＿＿＿＿요.

(7) コーラ1つ、コーヒー1つください。　　＿＿＿＿＿＿＿＿＿＿＿＿요.

(8) 全部で8,500ウォンです。　　　　　　　＿＿＿＿＿＿＿＿＿＿＿＿요.

❹ 文章にある数字をハングルに変えて文を完成させましょう。

(1) 친구가 2명이에요?　　　　　　　　　　＿＿＿＿＿＿＿＿＿＿＿＿＿?

(2) 김 5개 주세요.　　　　　　　　　　　　＿＿＿＿＿＿＿＿＿＿＿＿＿.

(3) 커피 4잔 주세요.　　　　　　　　　　　＿＿＿＿＿＿＿＿＿＿＿＿＿.

(4) 엽서 3장에 900원입니다.　　　　　　　＿＿＿＿＿＿＿＿＿＿＿＿＿.

(5) 콘서트 티켓은 97,000원입니다.　　　　＿＿＿＿＿＿＿＿＿＿＿＿＿.

(6) 이 컴퓨터는 1,568,000원입니다.　　　＿＿＿＿＿＿＿＿＿＿＿＿＿.

(7) 봉지는 1장에 50원입니다.　　　　　　＿＿＿＿＿＿＿＿＿＿＿＿＿.

(8) 사과는 10개에 8,000원입니다.　　　　＿＿＿＿＿＿＿＿＿＿＿＿＿.

주머니	ポケット	구두	革靴
발	足	사이즈	サイズ
떡볶이	トッポッキ	삼각김밥	おにぎり
생수	ミネラルウォーター	교통카드	交通カード
우산	傘	가격표	価格表
몇 인분	何人分	김밥	のり巻
컵라면	カップラーメン	온라인	オンライン
팬미팅	ファンミーティング	티켓	チケット
센티	センチ	드리다	差し上げる

会話日本語訳

田中：この海苔はいくらですか。
店員：その海苔は一つ5,000ウォンです。

田中：この絵ハガキとそのラーメンはいくらですか。
店員：絵ハガキは1枚300ウォンで、ラーメンは1箱27,000ウォンです。

田中：海苔3個と絵ハガキ2枚、ラーメン1箱ください。いくらですか。
店員：全部で42,600ウォンです。袋は1枚50ウォンです。

田中：袋1枚ください。全部で42,650ウォンですか。
店員：はい。ありがとうございます。

時間

언제

時間
언제

9-1

다나카 : 생일이 언제예요?
이민수 : 내 생일은 6월 12일이에요.

다나카 : 무슨 요일이에요?
이민수 : 다음 주 화요일이에요.

다나카 : 생일 파티는 몇 시예요?
이민수 : 생일 파티는 오후 7시 30분이에요.

이민수 : 다나카 씨 생일은 몇 월 며칠이에요?
다나카 : 내 생일은 10월 15일이에요.

新出語句

생일	誕生日	언제	いつ
월/달	月	일	日
무슨	何の	요일	曜日
파티	パーティー	몇	何
시	時	분	分
오후	午後	며칠	何日/数日
다음	次		

▶ 몇 월이에요? (何月ですか)

9-2

1月	2月	3月	4月	5月	6月	7月	8月	9月	10月	11月	12月
일월	이월	삼월	사월	오월	유월	칠월	팔월	구월	시월	십일월	십이월

先月	今月	来月
지난달	이번 달	다음 달

▶ 며칠이에요? (何日ですか)

1日	2日	3日	4日	5日	6日	7日	8日	9日	10日	20日	30日
일일	이일	삼일	사일	오일	육일	칠일	팔일	구일	십일	이십일	삼십일

昨日	今日	明日	毎日
어제	오늘	내일	매일

▶ 무슨 요일이에요? (何曜日ですか)

月曜日	火曜日	水曜日	木曜日	金曜日	土曜日	日曜日
월요일	화요일	수요일	목요일	금요일	토요일	일요일

先週	今週	来週
지난주	이번 주	다음 주

▶ 몇 시예요? (何時ですか)

1時	2時	3時	4時	5時	6時
한 시	두 시	세 시	네 시	다섯 시	여섯 시
7時	8時	9時	10時	11時	12時
일곱 시	여덟 시	아홉 시	열 시	열한 시	열두 시

午前	午後	朝	昼	夕方	昼間	夜/晩
오전	오후	아침	점심	저녁	낮	밤

▶ 몇 분이에요? (何分ですか)

10分	15分	30分(半)	45分	50分	60分
십 분	십오 분	삼십 분(반)	사십오 분	오십 분	육십 분

▶ 몇 살이에요? (何歳ですか)

1才	2才	3才	4才	5才	6才	7才	8才	9才	10才
한 살	두 살	세 살	네 살	다섯 살	여섯 살	일곱 살	여덟 살	아홉 살	열 살

20才	21才	30才	40才
스무 살	스물 한 살	서른 살	마흔 살

▶ 몇 층이에요? (何階ですか)

1階	2階	3階	4階	5階	6階	7階	8階	9階	10階
일 층	이 층	삼 층	사 층	오 층	육 층	칠 층	팔 층	구 층	십 층

「時を表す表現」の次には、「에」（～に）を付けますが、
「어제, 오늘, 내일, 매일」の次には、「에」を付けません。

練習

❶ 何時ですか。時計を見て数字をハングルで書きましょう。

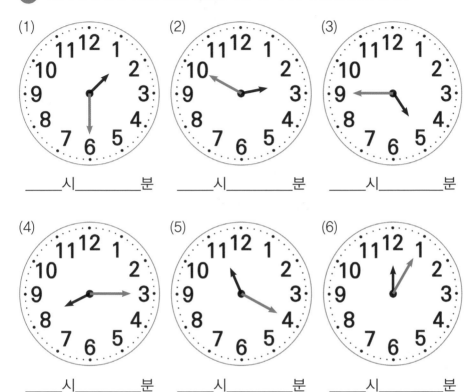

(1) ＿＿＿＿시＿＿＿＿＿＿분　(2) ＿＿＿＿시＿＿＿＿＿＿분　(3) ＿＿＿＿시＿＿＿＿＿＿분

(4) ＿＿＿＿시＿＿＿＿＿＿분　(5) ＿＿＿＿시＿＿＿＿＿＿분　(6) ＿＿＿＿시＿＿＿＿＿＿분

❷ 「時を表す表現」を韓国語で書きましょう。

午前	午後	朝	昼	夕方	昨日	今日	明日

昼間	夜	先月	今月	来月	先週	今週	来週

93

第9課　時間

3 絵を見て質問に答えましょう。(数字はハングルで)

(1) 생선하고 사과는 몇 층에 있어요?

　　⇒_____에 있어요.

(2) 식당은 몇 층에 있어요?

　　⇒_____

(3) 삼 층에 무엇이 있어요?

　　⇒_____

(4) 옷 가게는 사 층에 있어요?

　　⇒ 아니요, 옷 가게는_____있어요.

(5) 콘서트 홀은 몇 층에 있어요?

　　⇒_____

④ 次の曜日を韓国語で書きましょう。

月曜日	火曜日	水曜日	木曜日	金曜日	土曜日	日曜日

⑤ 次の日本語を「−예요/−이에요」を用いて、韓国語で書きましょう。

(1) 今、何時ですか。　　　　　　⇒＿＿＿＿＿＿＿＿＿＿＿＿＿＿？

(2) お誕生日は何月ですか。　　　⇒＿＿＿＿＿＿＿＿＿＿＿＿＿＿？

(3) 私の誕生日は10月6日です。　⇒＿＿＿＿＿＿＿＿＿＿＿＿＿＿.

(4) 今日は何日ですか。　　　　　⇒＿＿＿＿＿＿＿＿＿＿＿＿＿＿？

(5) 今日は11月25日です。　　　⇒＿＿＿＿＿＿＿＿＿＿＿＿＿＿.

(6) 明日は何曜日ですか。　　　　⇒＿＿＿＿＿＿＿＿＿＿＿＿＿＿？

(7) 明日は木曜日です。　　　　　⇒＿＿＿＿＿＿＿＿＿＿＿＿＿＿.

(8) コンサートはいつですか。　　⇒＿＿＿＿＿＿＿＿＿＿＿＿＿＿？

(9) 来月の7日です。　　　　　　⇒＿＿＿＿＿＿＿＿＿＿＿＿＿＿.

(10) 韓国語の授業はいつですか。　⇒＿＿＿＿＿＿＿＿＿＿＿＿＿＿？

(11) 来週の月曜日です。　　　　　⇒＿＿＿＿＿＿＿＿＿＿＿＿＿＿.

(12) おいくつですか。　　　　　　⇒＿＿＿＿＿＿＿＿＿＿＿＿＿＿？

(13) 私は19歳です。　　　　　　　⇒＿＿＿＿＿＿＿＿＿＿＿＿＿＿.

(14) 私は20歳です。　　　　　　　⇒＿＿＿＿＿＿＿＿＿＿＿＿＿＿.

콘서트	コンサート		홀	ホール
지금	今		가게	店

会話日本語訳

田中：誕生日はいつですか。

イ・ミンス：私の誕生日は6月12日です。

田中：何曜日ですか。

イ・ミンス：来週の火曜日です。

田中：誕生日パーティーは何時ですか。

イ・ミンス：誕生日パーティーは、午後7時30分です。

イ・ミンス：田中さんの誕生日は何月何日ですか。

田中：私の誕生日は10月15日です。

動詞

-ㅂ니다‥-습니다

動詞

-ㅂ니다·-습니다

Chapter **10**

会話文 10-1

이민수 : 다음 주에 서울에서 친구가 옵니다.
다나카 : 친구하고 같이 어디에 갑니까?

다나카 : 한국 식당에서 같이 한국 음식을 먹습니까?
이민수 : 네, 카페에서 커피도 마십니다.

다나카 : 영화도 같이 봅니까?
이민수 : 네, 저녁에 노래방에서 같이 노래도 부릅니다.

다나카 : 그 친구를 좋아합니까?
이민수 : 네, 정말 좋아합니다.

新出語句

-에서	〜から	오다	来る
-하고	〜と	같이	一緒に
-에	〜に	가다	行く
식당	食堂	먹다	食べる
카페	カフェ	마시다	飲む
영화	映画	보다	見る
노래방	カラオケ	노래	歌
(노래를)부르다	歌う	좋아하다	好きだ

98

▶ <u>-하고 같이, -와/과 같이</u>

10-2

· 친구하고 같이   · 선생님하고 같이
· 친구와 같이   · 선생님과 같이

▶ <u>-을/를</u>

· 음악을 듣다   · 영화를 보다
· 케이팝을 좋아하다   · 자전거를 타다

	~は	~が	~を	~と		~に	~で	~から ~まで	~も
주스	−는	−가	−를	−와	서울	−에	−에서	−에서 −까지	−도
김밥	−은	−이	−을	−과	친구	−에게	−	−	−도

~から~まで：時間を表す場合は、
「−부터 −까지」と表現します。

▶ 【硬い敬語（～ます/～です）】
-ㅂ니다/-습니다, -ㅂ니까/-습니까?

10-3

	−ㅂ/습니다	−ㅂ/습니까?		−ㅂ/습니다	−ㅂ/습니까?
가다 行く	가 + ㅂ니다	가 + ㅂ니까	먹다 食べる	먹 + 습니다	먹 + 습니까
오다 来る	오 + ㅂ니다	오 + ㅂ니까	듣다 聞く	듣 + 습니다	듣 + 습니까
마시다 飲む	마시 + ㅂ니다	마시 + ㅂ니까	있다 ある	있 + 습니다	있 + 습니까
보다 見る	보 + ㅂ니다	보 + ㅂ니까	살다 住む	사 + ㅂ니다	사 + ㅂ니까
부르다 歌う	부르 + ㅂ니다	부르 + ㅂ니까	만들다 作る	만드 + ㅂ니다	만드 + ㅂ니까

* −ㅂ니다/−습니다 [합니다] 体を作るには

動詞や形容詞の語幹に**−ㅂ니다/−습니다**を付けます。

① 語幹の最後に、パッチムがないとき

⇒ 語幹 + **ㅂ니다**

② 語幹の最後に、ㄹ以外のパッチムがあるとき

⇒ 語幹 + **습니다**

③ 語幹の最後に、ㄹパッチムがあるとき

⇒ 語幹からㄹを取って + **ㅂ니다**

基本形から「다」を取った文字の部分を語幹と言うんですね！

文型語句

음악	音楽	듣다	聞く
케이팝	K-POP	자전거	自転車
타다	乗る	김밥	のり巻
아이스크림	アイスクリーム	사다	買う
살다	住む	만들다	作る

1 適切な助詞を入れて文を完成させましょう。

−은/는	−이/가	−을/를	−과/와 −하고	−에	−에게	−에서	−부터	−까지	−도

(1) 고향_____어디입니까?　　　　　　故郷<u>が</u>どちらですか。

(2) 지금_____어디_____삽니까?　　　今<u>は</u>どこ<u>に</u>住んでいますか。

(3) 집_____학교_____멉니까?　　　　家<u>は</u>学校<u>から</u>遠いですか。

(4) 언제 친구_____만납니까?　　　　いつ友達<u>に</u>会いますか。

(5) 어디_____쇼핑합니까?　　　　　　どこ<u>で</u>ショッピングしますか。

(6) 누구_____드라마_____봅니까?　誰<u>と</u>ドラマ<u>を</u>観ますか。

(7) 식사_____어디_____합니까?　　食事<u>は</u>どこ<u>で</u>しますか。

(8) 근처_____한국 식당_____있습니다.　近く<u>に</u>韓国食堂<u>が</u>あります。

(9) 여기_____한국 식당입니다.　　　ここ<u>が</u>韓国食堂です。

(10) 무엇_____먹습니까?　　　　　　何<u>を</u>食べますか。

(11) 김밥_____떡볶이_____먹습니다.　のり巻<u>と</u>トッポッキ<u>を</u>食べます。

(12) 커피_____콜라_____마십니다.　コーヒー<u>と</u>コーラ<u>も</u>飲みます。

(13) 누구_____선물_____줍니까?　誰<u>に</u>プレゼント<u>を</u>あげますか。

(14) 언제_____언제_____시험입니까?　いつ<u>から</u>いつ<u>まで</u>試験ですか。

❷ 次の文を「-ㅂ니다/-습니다(-ㅂ니까/-습니까?)」の形に変えま
しょう。

[例文] 운동을 하다. (運動をする) ⇒ 운동을 합니까? 운동을 합니다.

(1) 김밥을 사다. (買う)   ⇒ 김밥을_____

(2) 후쿠오카에 가다. (行く)   ⇒ 후쿠오카에_____

(3) 구마모토에 오다. (来る)   ⇒ 구마모토에_____

(4) 커피를 마시다. (飲む)   ⇒ 커피를_____?

(5) 사과를 먹다. (食べる)   ⇒ 사과를_____

(6) 책을 읽다. (読む)   ⇒ 책을_____

(7) 노래를 부르다. (歌う)   ⇒ 노래를_____?

(8) 케이팝을 듣다. (聴く)   ⇒ 케이팝을_____

(9) 영화를 보다. (観る)   ⇒ 영화를_____

(10) 한국 요리를 만들다. (作る)   ⇒ 한국 요리를_____?

(11) 컵라면하고 김밥이 있다. (ある) ⇒ 컵라면하고 김밥이_____?

(12) 김밥은 없다. (ない)   ⇒ 김밥은_____

(13) 사진을 찍다.(撮る)   ⇒ 사진을_____?

(14) 길을 걷다.(歩く)   ⇒ 길을_____

(15) 택시를 타다.(乗る)   ⇒ 택시를_____

❸ 次の日程を見て韓国語で答えましょう。

일	월	화	수	목	금	토
점심 김밥	한국어 공부	케이팝 듣다	노래방 부르다	일본 오다	쇼핑 백화점	친구 영화

(1) 금요일에 어디에 갑니까?

⇒＿＿＿＿＿＿＿＿＿＿＿＿＿＿＿＿＿＿＿＿＿＿＿＿＿

(2) 언제 누구와 영화를 봅니까?

⇒＿＿＿＿＿＿＿＿＿＿＿＿＿＿＿＿＿＿＿＿＿＿＿＿＿

(3) 일요일 점심은 무엇을 먹습니까?

⇒＿＿＿＿＿＿＿＿＿＿＿＿＿＿＿＿＿＿＿＿＿＿＿＿＿

(4) 언제 일본에 옵니까?

⇒＿＿＿＿＿＿＿＿＿＿＿＿＿＿＿＿＿＿＿＿＿＿＿＿＿

(5) 월요일에 무엇을 합니까?

⇒＿＿＿＿＿＿＿＿＿＿＿＿＿＿＿＿＿＿＿＿＿＿＿＿＿

(6) 화요일에 무슨 음악을 듣습니까?

⇒＿＿＿＿＿＿＿＿＿＿＿＿＿＿＿＿＿＿＿＿＿＿＿＿＿

(7) 수요일에 어디에서 노래를 부릅니까?

⇒＿＿＿＿＿＿＿＿＿＿＿＿＿＿＿＿＿＿＿＿＿＿＿＿＿

(8) 백화점에서 무엇을 합니까?

⇒＿＿＿＿＿＿＿＿＿＿＿＿＿＿＿＿＿＿＿＿＿＿＿＿＿

❹ 次のイ・ミンスさんのスケジュールを見て韓国語で答えましょう。

일	월	화	수	목	금	토
6	7	8	9	10	11	12
(12:15) 카페 약속	(오전11:00) 한국어 수업	(오후 3:00) 도서관 공부		(오후5:00) 식당 아르바이트		(오후 6:30 ~9:00) 콘서트

(1) 이민수 씨는 카페에서 몇 시에 친구를 만납니까?

⇒＿＿＿＿＿＿＿＿＿＿＿＿＿＿＿＿＿＿＿＿＿＿＿＿＿

(2) 한국어 수업은 무슨 요일에 있습니까? 몇 시부터 합니까?

⇒＿＿＿＿＿＿＿＿＿＿＿＿＿＿＿＿＿＿＿＿＿＿＿＿＿

(3) 10일에 아르바이트를 어디에서 합니까? 몇 시부터 합니까?

⇒＿＿＿＿＿＿＿＿＿＿＿＿＿＿＿＿＿＿＿＿＿＿＿＿＿

(4) 화요일 오후에는 무엇을 합니까? 몇 시부터 어디에서 합니까?

⇒＿＿＿＿＿＿＿＿＿＿＿＿＿＿＿＿＿＿＿＿＿＿＿＿＿

(5) 토요일에 콘서트는 몇 시부터 몇 시까지 합니까?

⇒＿＿＿＿＿＿＿＿＿＿＿＿＿＿＿＿＿＿＿＿＿＿＿＿＿

すらすら韓国語 入門編

5 次の日本語を「－습니다/－합니다体」を用いて韓国語に変えましょう。

(1) 熊本が故郷です。

⇒＿＿＿＿＿＿＿＿＿＿＿＿＿＿＿＿＿＿＿＿＿＿＿＿

(2) 今は福岡に住んでいます。

⇒＿＿＿＿＿＿＿＿＿＿＿＿＿＿＿＿＿＿＿＿＿＿＿＿

(3) 熊本から東京まで行きます。

⇒＿＿＿＿＿＿＿＿＿＿＿＿＿＿＿＿＿＿＿＿＿＿＿＿

(4) 明日友達に会います。

⇒＿＿＿＿＿＿＿＿＿＿＿＿＿＿＿＿＿＿＿＿＿＿＿＿

(5) 友達と一緒に韓国でショッピングをします。

⇒＿＿＿＿＿＿＿＿＿＿＿＿＿＿＿＿＿＿＿＿＿＿＿＿

(6) 母と一緒にドラマを観ます。

⇒＿＿＿＿＿＿＿＿＿＿＿＿＿＿＿＿＿＿＿＿＿＿＿＿

(7) 先生と一緒にK-POPを聴きます。

⇒＿＿＿＿＿＿＿＿＿＿＿＿＿＿＿＿＿＿＿＿＿＿＿＿

(8) トッポッキとリンゴを食べます。

⇒＿＿＿＿＿＿＿＿＿＿＿＿＿＿＿＿＿＿＿＿＿＿＿＿

(9) 韓国食堂でマッコリを飲みます。

⇒＿＿＿＿＿＿＿＿＿＿＿＿＿＿＿＿＿＿＿＿＿＿＿＿

(10) カップラーメンとのり巻を食べます。

⇒＿＿＿＿＿＿＿＿＿＿＿＿＿＿＿＿＿＿＿＿＿＿＿＿

김밥	のり巻	사과	リンゴ
드라마	ドラマ	근처	近所
선물	プレゼント	시험	試験
책	本	노래	歌
영화	映画	컵라면	カップラーメン
사다	買う	오다	来る
마시다	飲む	먹다	食べる
읽다	読む	(노래를)부르다	歌う
듣다	聞く	보다	見る
만들다	作る	있다	ある/いる
없다	ない/いない	약속	約束
아르바이트	アルバイト	어머니	母
막걸리	マッコリ		

会話日本語訳

イ・ミンス：来週、ソウルから友達が来ます。

田中：友達と一緒にどこに行きますか。

田中：韓国の食堂で一緒に韓国料理を食べますか。

イ・ミンス：ええ、カフェでコーヒーも飲みます。

田中：映画も一緒に見ますか。

イ・ミンス：はい、夕方、カラオケで一緒に歌も歌います。

田中：その友達のことが好きですか。

イ・ミンス：はい、本当に大好きです。

動詞・形容詞

-아요·-어요·-해요

動詞・形容詞

-아요··-어요··-해요

Chapter 11

会話文 11-1

다나카 : 오늘 저녁은 어디에서 먹어요?
이민수 : 오늘은 내가 요리를 만들어요.

이민수 : 다나카 씨, 좀 도와줘요.
다나카 : 네, 우유하고 토마토는 편의점에서 사요?
이민수 : 아니요, 토마토는 슈퍼에서 팔아요.

이민수 : 부산은 생선요리가 유명해요. 찌개 맛있어요?
다나카 : 네, 저도 생선찌개를 좋아해요.

新出語句

요리	料理		만들다	作る
좀/조금	ちょっと/少し		도와주다	手伝う
우유	牛乳		토마토	トマト
편의점	コンビニ		슈퍼	スーパー
부산	釜山		생선	魚
찌개	チゲ/鍋		맛있다	おいしい
팔다	売る		유명하다	有名だ

動詞と形容詞（用言）の「〜ます・です」体には、
「−ㅂ니다/−습니다」以外にも、「−아요/−어요(−해요)」体があり
ます。
「−아요/−어요(−해요)」の方が、「−ㅂ니다/−습니다」より柔らか
い言い方であり、日常会話でもよく使われる表現です。

文型

▶【柔らかい敬語（〜ます/〜です）】
-아요/-어요(-해요)

1. まずは用言の基本形を3つの種類に分けます。

 ① 語幹の最後の母音が陽性母音（ㅏ、ㅗ）のもの

  가다, 오다, 살다…

 ② 語幹の最後の母音が陰性母音（ㅏ、ㅗ以外）のもの

  먹다, 마시다, 만들다…

 ③ 하다で終わるもの

  하다, 사랑하다, 시작하다…

2. −아요/−어요体にするには

11-2

 Ⓐ 語幹の最後の母音が陽性母音（ㅏ、ㅗ）のもの+아요
  語幹の最後の母音が陰性母音（ㅏ、ㅗ以外）のもの+어요

陽性母音+ 아 +요		陰性母音+ 어 +요	
팔다 売る	팔 + 아 + 요	먹다 食べる	먹 + 어 + 요
좋다 良い	좋 + 아 + 요	맛있다 おいしい	맛있 + 어 + 요

Ⓑ （パッチムがない）語幹の最後の母音が、ㅏ/ㅓの場合は縮約されます。

（パッチムがない）語幹の最後の母音が、ㅗ/ㅜの場合、二重母音になります。

陽性母音 + 아 + 요			陰性母音 + 어 + 요		
사다 買う	사＋아＋요	사＋요	서다 立つ	서＋어＋요	서＋요
오다 来る	오＋아＋요	와＋요	도와주다 手伝う	도와주＋어＋요	도와줘＋요

Ⓒ −해요, −예요/−이에요

−하다 ⇒ −해요		名詞 + 예요/이에요	
좋아하다 好きだ	좋아＋해＋요	친구다 友達だ	친구＋예＋요
운동하다 運動する	운동＋해＋요	선생님이다 先生だ	선생님＋이에＋요

Ⓓ 「ㄷ」変則、「ㅡ」脱落

「ㄷ」変則		「ㅡ」脱落	
듣다 聞く	들어요 (들 + 어요)	쓰다 書く	써요 (ㅆ + 어요)
걷다 歩く	걸어요 (걸 + 어요)	기쁘다 嬉しい	기뻐요 (기ㅃ + 어요)

・語幹がパッチムㄷで終わる動詞は、語幹の末尾のパッチムㄷをㄹに変えて-어요を付けます。
・語幹の末尾が母音のㅡで終わる動詞や形容詞のうち、語幹が1文字のものや、語幹の末尾より一つ前の文字の母音がㅏ/ㅗ以外のものには、語幹の末尾のㅡを取って-어요を付けます。

すらすら韓国語 入門編

文型語句

가다	行く	오다	来る
살다	住む/生きる/暮らす	먹다	食べる
마시다	飲む	만들다	作る
사랑하다	愛する	시작하다	始める
예쁘다	きれいだ/可愛い	슬프다	悲しい
아프다	痛い/具合悪い	바쁘다	忙しい

練習

1 次の単語を3つのグループに分けましょう。

가다	먹다	살다	오다	보다	사다
있다	서다	공부하다	좋다	팔다	타다
멀다	없다	읽다	지내다	사랑하다	배우다
만들다	시작하다	끝나다	마시다	기다리다	
자다	운동하다	맛있다	만나다	도와주다	

語幹の最後の母音が 陽性母音のもの	
語幹の最後の母音が 陰性母音のもの	
하다で終わるもの	

111

第11課 動詞・形容詞

② 次の用言を「-아요/-어요(-해요)」体に変えましょう。

	意味	基本形	-아요/-어요(-해요)
Ⓐ 陽 아요 陰 어요	いい	좋다	
	食べる	먹다	
	住む	살다	
	作る	만들다	
	ある/いる	있다	
	おいしい	맛있다	
	遠い	멀다	
	ない/いない	없다	
	売る	팔다	
	読む	읽다	
Ⓑ 略 아/어 二重 母音 와/워	行く	가다	
	立つ	서다	
	寝る	자다	
	会う	만나다	
	過ごす	지내다	
	買う	사다	
	終わる	끝나다	
	乗る	타다	
	来る	오다	
	手伝う	도와주다	
	見る	보다	
	習う	배우다	
	飲む	마시다	
	待つ	기다리다	

112

© 하다 해요 名詞 예요 이에요	始める	시작하다	
	運動する	운동하다	
	勉強する	공부하다	
	愛する	사랑하다	
	友達だ	친구다	
	先生だ	선생님이다	
⑩ 変則 ㄷ→ㄹ 脱落 ㅡ	聞く	듣다	
	歩く	걷다	
	書く	쓰다	
	消す	끄다	

③ 次の下線部を「-아요/-어요(-해요)」体に変えましょう。

① 서울에 <u>갑니다</u>. ⇒ _____

② 내일 일본에 <u>옵니까</u>? ⇒ _____

③ 금요일에 친구를 <u>만납니다</u>. ⇒ _____

④ 일요일 아침에 <u>운동합니까</u>? ⇒ _____

⑤ 한국 요리가 <u>맛있습니다</u>. ⇒ _____

⑥ 아침에 우유를 <u>마십니까</u>? ⇒ _____

⑦ 김밥을 <u>삽니다</u>. ⇒ _____

⑧ 이민수 씨는 <u>유학생입니까</u>? ⇒ _____

⑨ 오늘 저녁은 어디에서 <u>먹습니까</u>? ⇒ _____

⑩ 토마토는 슈퍼에서 <u>팝니다</u>. ⇒ _____

❹ 次の文を「-아요/-어요(-해요)」体で完成させましょう。

(時間は韓国語で表記)

① 7:00 / 일어나다.　　　　　　　　⇒ 일곱 시에 일어나요.

② 8:10 / 학교에 가다.　　　　　　　⇒ ＿＿＿＿＿＿＿＿＿＿

③ 9:00 / 수업이 시작하다.　　　　　⇒ ＿＿＿＿＿＿＿＿＿＿

④ 12:00/ 학생 식당에서 점심을 먹다.　⇒ ＿＿＿＿＿＿＿＿＿＿

⑤ 2:30 / 수업이 끝나다.　　　　　　⇒ ＿＿＿＿＿＿＿＿＿＿

⑥ 오후 / 도서관에서 공부하다.　　　⇒ ＿＿＿＿＿＿＿＿＿＿

⑦ 5:15 / 식당에서 아르바이트를 하다.　⇒ ＿＿＿＿＿＿＿＿＿＿

⑧ 7:30 / 집에 (돌아)오다.　　　　　⇒ ＿＿＿＿＿＿＿＿＿＿

⑨ 8:00 / 저녁을 먹다.　　　　　　　⇒ ＿＿＿＿＿＿＿＿＿＿

⑩ 8:45 / 티브이를 보다.　　　　　　⇒ ＿＿＿＿＿＿＿＿＿＿

⑪ 11:00 / 보통 ○○ 시에 자다.　　　⇒ ＿＿＿＿＿＿＿＿＿＿

❺ 「練習4」を参考に、「私の一日」について書きましょう。

(①～⑪の中から6つ以上)

【応用の例】

> ④ 昼食の場所の例
>
> 학생식당 (学生食堂)、기숙사 (寮)、편의점 (コンビニ)、카페 (カフェ)、집 (家)、도시락을 먹어요 (弁当を食べます)
>
> ⑥ 午後の活動の例
>
> 도서관에서 공부해요 (図書館で勉強します)、아르바이트 해요 (アルバイトします)、친구하고 놀아요 (友達と遊びます)、운동해요 (運動します)、동아리 활동을 해요 (サークル活動をします)、데이트 해요 (デートします)

⑩ 夕方の活動の例

티브이를 봐요 (テレビを見ます)、인터넷을 해요 (インターネット
をします)、과제를 해요 (課題をします)、빨래를 해요 (洗濯をし
ます)、운동해요 (運動します)、음악을 들어요 (音楽を聴きます)

_____

_____

_____

_____

_____

_____

_____

_____

_____

【韓国の家族関係と呼称】

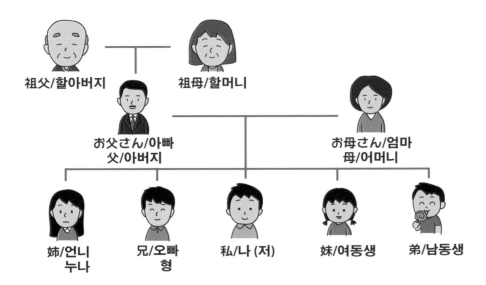

祖父/할아버지　　　祖母/할머니

お父さん/아빠　　　　　　　　お母さん/엄마
父/아버지　　　　　　　　　　母/어머니

姉/언니　　兄/오빠　　私/나 (저)　　妹/여동생　　弟/남동생
누나　　　　형

할아버지	祖父	누나	（弟から見た）姉
할머니	祖母	언니	（妹から見た）姉
아버지(아빠)	父	형	（弟から見た）兄
어머니(엄마)	母	오빠	（妹から見た）兄
(남)동생	弟	(여)동생	妹

❻ 次の文を読んで韓国語で答えましょう。

우리 가족

우리 가족은 모두 다섯 사람이에요.
할머니, 아버지, 어머니, 저, 그리고 여동생이 있어요.
아버지는 회사원이에요. 어머니는 간호사예요.
저는 대학생이에요. 여동생은 고등학생이에요.
우리 가족은 같이 요리를 만들어요. 재료는 보통 슈퍼에서 사요.
어머니가 한국요리를 배워요.
우리 가족은 불고기와 비빔밥을 좋아해요.

① 이 가족은 몇 사람이에요?　　　⇒_____

② 어머니는 회사원이에요?　　　⇒_____

③ 남동생이 있어요?　　　　　　⇒_____

④ 요리 재료는 보통 어디서 사요?　⇒_____

⑤ 어머니는 무슨 요리를 배워요?　⇒_____

⑥ 이 가족은 무슨 요리를 좋아해요?　⇒_____

116

보통	普通/普段	티브이	TV
자다	寝る	일어나다	起きる
가족	家族	재료	材料
불고기	プルコギ	비빔밥	ビビンバ

会話日本語訳

田中：今日の夕食はどこで食べますか。

イ・ミンス：今日は私が料理を作ります。

イ・ミンス：田中さん、少し手伝ってください。

田中：はい、牛乳とトマトはコンビニで買いますか。

イ・ミンス：いいえ、トマトはスーパーで売っています。

イ・ミンス：釜山は魚料理が有名です。鍋はおいしいですか。

田中：はい、私も魚の鍋が好きです。

第12課

過去形

-았‥-었‥-했

過去形

-았·-었·-했

会話文 12-1

선생님 : 한국어는 어디에서 배웠어요?

다나카 : 일본에서 혼자 공부했어요.

선생님 : 언제 한국에 왔어요?

다나카 : 3월에 왔습니다.

선생님 : 한국어 잘 하네요.

　　　　어제 저녁모임은 좋았어요?

다나카 : 네, 요리가 정말 맛있었습니다.

　　　　노래방에는 가지 않았어요.

新出語句

배우다	習う/学ぶ	혼자	ひとりで
공부하다	勉強する	잘 하다	上手だ
모임	集まり		

▶ 【過去形（～ました/～でした）】
　-았습니다/-았어요, -었습니다/-었어요

12-2

① 陽性＋았＋습니다/어요		③ 陰性＋었＋습니다/어요	
살다 住む	살+았+습니다/어요	먹다 食べる	먹+었+습니다/어요
좋다 良い	좋+았+습니다/어요	맛있다 おいしい	맛있+었+습니다/어요

② 陽性＋았＋습니다/어요			④ 陰性＋었＋습니다/어요		
가다 行く	가+았+습니다 가+았+어요	갔+습니다 갔+어요	서다 立つ	서+었+습니다 서+었+어요	섰+습니다 섰+어요
오다 来る	오+았+습니다 오+았+어요	왔+습니다 왔+어요	배우다 学ぶ	배우+었+습니다 배우+었+어요	배웠+습니다 배웠+어요

▶ -했습니다/-했어요, -였(이었)습니다/-였(이었)어요

12-3

⑤ −하다 → 했＋습니다 　　　　　했＋어요		⑥ 名詞 ＋ 였＋습니다 　　　　　였＋어요	
좋아하다 好きだ	좋아+했+습니다 좋아+했+어요	친구다 友達だ	친구+였+습니다 친구+였+어요
공부하다 勉強する	공부+했+습니다 공부+했+어요	선생님이다 先生だ	선생님+이었+습니다 선생님+이었+어요

▶ 【否定形（〜しません/〜できません）】
안 - / -지 않다, 못 - / -지 못하다

12–4

	〜しません		〜できません	
	안 -ㅂ(습)니다 안 -아(어)요	-지 않습니다 -지 않아요	못 -ㅂ(습)니다 못 -아(어)요	-지 못합니다 -지 못해요
사다 買う	안 삽니다 안 사요	사지 않습니다 사지 않아요	못 삽니다 못 사요	사지 못합니다 사지 못해요
먹다 食べる	안 먹습니다 안 먹어요	먹지 않습니다 먹지 않아요	못 먹습니다 못 먹어요	먹지 못합니다 먹지 못해요

練習

❶ 次の単語を過去形に変えましょう。

[例①] 살다（住む）　⇒　살았습니다.　　살았어요.

(1) 팔다（売る）　⇒ _____ _____

(2) 놀다（遊ぶ）　⇒ _____ _____

(3) 알다（わかる）　⇒ _____ _____

[例②] 가다（行く）　⇒　갔습니다.　　갔어요.
　　　　오다（来る）　⇒　왔습니다.　　왔어요.

(1) 사다（買う）　⇒ _____ _____

(2) 타다（乗る）　⇒ _____ _____

(3) 보다（見る）　⇒ _____ _____

[例③] 먹다（食べる）⇒　먹었습니다.　　먹었어요.

(1) 읽다（読む）　　　⇒ ＿＿＿＿＿＿＿　＿＿＿＿＿＿＿

(2) 멀다（遠い）　　　⇒ ＿＿＿＿＿＿＿　＿＿＿＿＿＿＿

(3) 만들다（作る）　　⇒ ＿＿＿＿＿＿＿　＿＿＿＿＿＿＿

[例④] 서다（止まる）⇒　섰습니다.　　　섰어요.
　　　　배우다（学ぶ）⇒　배웠습니다.　　배웠어요.

(1) 마시다（飲む）　　⇒ ＿＿＿＿＿＿＿　＿＿＿＿＿＿＿

(2) 주다（あげる）　　⇒ ＿＿＿＿＿＿＿　＿＿＿＿＿＿＿

(3) 바꾸다（変える）　⇒ ＿＿＿＿＿＿＿　＿＿＿＿＿＿＿

[例⑤] 좋아하다（好きだ）⇒　좋아했습니다.　좋아했어요.

(1) 운동하다（運動する）　⇒ ＿＿＿＿＿＿　＿＿＿＿＿＿

(2) 식사하다（食事する）　⇒ ＿＿＿＿＿＿　＿＿＿＿＿＿

(3) 쇼핑하다（買い物する）⇒ ＿＿＿＿＿＿　＿＿＿＿＿＿

[例⑥] 친구다（友達だ）　⇒　친구였습니다.　친구였어요.

(1) 선배다（先輩だ）　　⇒ ＿＿＿＿＿＿　＿＿＿＿＿＿

(2) 학생이다（学生だ）　⇒ ＿＿＿＿＿＿　＿＿＿＿＿＿

(3) 후배다（後輩だ）　　⇒ ＿＿＿＿＿＿　＿＿＿＿＿＿

(4) 라면이다（ラーメンだ）⇒ ＿＿＿＿＿＿　＿＿＿＿＿＿

(5) 떡볶이다（トッポッキだ）⇒ ＿＿＿＿＿＿　＿＿＿＿＿＿

(6) 생일이다（誕生日だ）　⇒ ＿＿＿＿＿＿　＿＿＿＿＿＿

2 適切な動詞を選んで、[例文]のように否定形の文を作ってみましょう。

먹다	자다	만나다	읽다

(例)　　　　　　(1)　　　　　　(2)　　　　　　(3)

[例文] 잠을 <u>안 잡니다</u>.　　잠을 <u>안 자요</u>.

(1) 교과서를_____　교과서를_____

(2) 요리를_____　요리를_____

(3) 친구를_____　친구를_____

마시다	타다	열다	듣다

(例)　　　　　　(4)　　　　　　(5)　　　　　　(6)

[例文] 자전거를 <u>못 탑니다</u>.　　자전거를 <u>타지 못합니다</u>.

(4) 음악을_____　음악을_____

(5) 맥주를_____　맥주를_____

(6) 문을_____　문을_____

| 운동하다 | 노래하다 | 일하다 | 식사하다 |

(例)　　　　　　(7)　　　　　　(8)　　　　　　(9)

[例文] 식사를 못 합니다.　　　식사를 하지 못합니다.

(＊適切な助詞を○で囲んでください)

(7) ＿＿＿＿(을/를)＿＿＿＿＿＿　＿＿＿＿(을/를)＿＿＿＿＿＿

(8) ＿＿＿＿(을/를)＿＿＿＿＿＿　＿＿＿＿(을/를)＿＿＿＿＿＿

(9) ＿＿＿＿(을/를)＿＿＿＿＿＿　＿＿＿＿(을/를)＿＿＿＿＿＿

③ 次の日本語を韓国語に変えましょう。

(1) どこに行きましたか。

⇒ ＿＿＿＿＿＿＿＿＿＿＿＿＿＿＿＿＿＿＿＿＿＿＿＿＿＿＿

(2) ソウルに行きました。

⇒ ＿＿＿＿＿＿＿＿＿＿＿＿＿＿＿＿＿＿＿＿＿＿＿＿＿＿＿

(3) ソウルで何をしましたか。

⇒ ＿＿＿＿＿＿＿＿＿＿＿＿＿＿＿＿＿＿＿＿＿＿＿＿＿＿＿

(4) トッポッキを食べました。

⇒ ＿＿＿＿＿＿＿＿＿＿＿＿＿＿＿＿＿＿＿＿＿＿＿＿＿＿＿

(5) 明洞でショッピングもしました。

⇒ ＿＿＿＿＿＿＿＿＿＿＿＿＿＿＿＿＿＿＿＿＿＿＿＿＿＿＿

(6) 何を買いましたか。

　　⇒ _____

(7) 交通カードを買いました。

　　⇒ _____

(8) タクシーに乗りましたか。

　　⇒ _____

(9) タクシーに乗りませんでした。

　　⇒ _____

(10) 地下鉄に乗りました。

　　⇒ _____

(11) 週末は何をしましたか。

　　⇒ _____

(12) コンサートに行きました。

　　⇒ _____

(13) おもしろかったです。

　　⇒ _____

(14) 映画も観ましたか。

　　⇒ _____

(15) 映画は観ませんでした。

　　⇒ _____

(16) 音楽を聴きました。

　　⇒ _____

(17) 先生の誕生日は先週でしたか。

⇒ _____

(18) 私の誕生日は昨日でした。

⇒ _____

(19) プレゼントをもらいましたか。

⇒ _____

(20) プレゼントはもらえませんでした。

⇒ _____

(21) 昨日は試験でした。

⇒ _____

練習語句

살다	住む	만나다	会う
팔다	売る	교과서	教科書
놀다	遊ぶ	요리	料理
알다	知る/わかる	듣다	聞く
가다	行く	마시다	飲む
서다	止まる/立つ	열다	開ける
사다	買う	자전거	自転車
타다	乗る	음악	音楽
싸다	安い	맥주	ビール

먹다	食べる	문	ドア
읽다	読む	노래하다	歌う
멀다	遠い	일하다	働く
만들다	作る	어디	どこ
오다	来る	서울	ソウル
배우다	学ぶ/習う	무엇	何
보다	見る	명동	明洞
주다	くれる/あげる	교통카드	交通カード
바꾸다	変える	택시	タクシー
좋아하다	好きだ	지하철	地下鉄
운동하다	運動する	주말	週末
식사하다	食事する	콘서트	コンサート
쇼핑하다	ショッピングする	재미있다	おもしろい
친구	友達	영화	映画
선배	先輩	선생님	先生
학생	学生	언제	いつ
후배	後輩	제	わたくしの
라면	ラーメン	어제	昨日
떡볶이	トッポッキ	선물	プレゼント
생일	誕生日	받다	もらう/受ける
자다	寝る	시험	試験

先生：韓国語はどこで学びましたか。

田中：日本でひとりで勉強しました。

先生：いつ韓国に来ましたか。

田中：3月に来ました。

先生：韓国語、お上手ですね。昨日の夕方の会食は良かったですか。

田中：はい、料理が本当においしかったです。

　　　カラオケは行きませんでした。

129

形容詞・感想

形容詞·感想

Chapter

13

会話文

13-1

선생님 : 날씨가 많이 춥습니다. 순두부찌개 괜찮아요?

다나카 : 순두부찌개는 어떤 맛이에요?

선생님 : 아주 매워요. 그래도 맛있어요.

선생님 : 재미있는 한국 영화가 하나 있어요.

다나카 : 저도 보고 싶어요. 영화관이 멀어요?

선생님 : 아니요, 가까워요. 영화관이 아주 커요.

다나카 : 사람들이 정말 많아요.

선생님 : 영화가 어땠어요?

다나카 : 네, 매우 좋았어요. 그런데 조금 어려웠어요.

新出語句

날씨	天気	많이	とても/たくさん
춥다	寒い	순두부찌개	スンドゥブチゲ
어떻다	どうだ	맵다	辛い
재미있다	面白い	있다	ある/いる
-고 싶다	～したい	영화관	映画館

아주	非常に/とても	정말	本当に
크다	大きい	좋다	良い
어렵다	難しい	그래도	でも

▶ 動詞：～したい/～したがる

動詞 - 고 싶다	～したい：希望
動詞 - 고 싶어하다	～したがる：第3者の希望

13-2

* 케이팝 댄스를 배우<u>고 싶</u>어요/싶습니다.
  K-POPダンスを習いたいです。

* 제주도 여행을 가<u>고 싶</u>었어요/싶었습니다. （過去形）
  済州島旅行に行きたかったです。

* <u>친구는</u> 아이스크림을 먹<u>고 싶</u>어해요/싶어합니다.
  友達はアイスクリームを食べたがります/食べたがっています。

* <u>언니는</u> 그 가방을 사<u>고 싶</u>어했어요/싶어했습니다. （過去形）
  お姉さんはそのカバンを買いたがりました/買いたがっていました。

▶ 形容詞の変則：～です

(1)「—」脱落

「—」脱落			
크다 大きい	큽니다 커요(ㅋ + 어요)	나쁘다 悪い	나쁩니다 나빠요(나ㅃ + 아요)

語幹が母音の—で終わる動詞や形容詞のうち、語幹末より一つ前の文字の母音がㅏ/ㅗのものには、語幹末の—を取って아요を付けます。

語幹の末尾が母音の—で終わる動詞や形容詞のうち、語幹が1文字のものや、語幹末より一つ前の文字の母音がㅏ/ㅗ以外のものには、語幹末の—を取って어요を付けるんですね！

(2)「ㄹ」脱落

「ㄹ」脱落			
길다 長い	깁니다(기 + ㅂ니다) 길어요	멀다 遠い	멉니다(머 + ㅂ니다) 멀어요

語幹末にㄹパッチムがあるとき、語幹からㄹを取ってㅂ니다を付けます。

(3)「ㅂ」変則：「ㅂ」→「우」

「ㅂ」変則：「ㅂ」→「우」			
덥다 暑い	덥습니다 더워요(더 + 우 + 어요)	어렵다 難しい	어렵습니다 어려워요(어려 + 우 + 어요)
춥다 寒い	춥습니다 추워요(추 + 우 + 어요)	쉽다 易しい	쉽습니다 쉬워요(쉬 + 우 + 어요)

語幹がパッチムㅂで終わる動詞や形容詞は、語幹末のㅂをㅜに換えて어요を付けるんですね！

でも、**입다**などのように変則活用しないものもあります。

(4)「ㅎ」変則

「ㅎ」変則			
그렇다 そうだ	그렇습니다. 그래요(그ㄹ + 애요)	어떻다 どうだ	어떻습니까? 어때요?(어ㄸ + 애요)

語幹がパッチムㅎで終わる形容詞は、語幹末のㅎとその前の母音ㅓを取って애요を付けます。

135

第13課 形容詞・感想

▶ **形容詞**

좋다 良い	크다 大きい	많다 多い	길다 長い	멀다 遠い	무겁다 重い	어렵다 難しい	맵다 辛い	높다 高い	비싸다 値段が高い
나쁘다 悪い	작다 小さい	적다 少ない	짧다 短い	가깝다 近い	가볍다 軽い	쉽다 易しい	짜다 塩辛い	낮다 低い	싸다 安い

▶ **副詞**

정말	本当に	아주	とても 非常に	좀/조금	ちょっと 少し
매우	とても 極めて	너무	あまり (にも)	빨리	早く

文型語句

댄스	ダンス	제주도	済州島
여행	旅行	열다	開ける
무섭다	怖い	빨갛다	赤い

1 次の用言を「−아요/−어요(−해요)」体と「−ㅂ니다/−습니다」体に
変えましょう。

	基本形	−아요/−어요 (−해요)	−ㅂ니다/ −습니다
正則	많다		
	싸다		
	비싸다		
	따뜻하다		
	친절하다		
(1) 「ㅡ」脱落	크다		
	바쁘다		
	나쁘다		
	아프다		
	예쁘다		
(2) 「ㄹ」脱落	길다		
	멀다		
(3) 「ㅂ」変則	덥다		
	춥다		
	어렵다		
	쉽다		
	맵다		
	가깝다		
	무겁다		
	가볍다		
(4) 「ㅎ」変則	어떻다		
	그렇다		

❷ 例を参考にして、次の日本語を韓国語に変えましょう。
（現在形と過去形に気をつけましょう）

例）	날씨가 좋다	天気がいい	날씨가 나쁘다	天気が悪い
	비가 오다	雨が降る	눈이 오다	雪が降る
	따뜻하다	暖かい	덥다 暑い	춥다 寒い
	봄 春	여름 夏	가을 秋	겨울 冬

(1) 今日、東京の天気はどうですか。

　⇒＿＿＿＿＿＿＿＿＿＿＿＿＿＿＿＿＿＿＿＿＿＿

(2) 今日は天気がいいです。

　⇒＿＿＿＿＿＿＿＿＿＿＿＿＿＿＿＿＿＿＿＿＿＿

(3) 昨日、ソウルの天気はどうでしたか。

　⇒＿＿＿＿＿＿＿＿＿＿＿＿＿＿＿＿＿＿＿＿＿＿

(4) 天気が悪かったです。雪が降りました。

　⇒＿＿＿＿＿＿＿＿＿＿＿＿＿＿＿＿＿＿＿＿＿＿

(5) 週末、熊本の天気はどうでしたか。

　⇒＿＿＿＿＿＿＿＿＿＿＿＿＿＿＿＿＿＿＿＿＿＿

(6) 雨が降りました。

　⇒＿＿＿＿＿＿＿＿＿＿＿＿＿＿＿＿＿＿＿＿＿＿

(7) 春は暖かいです。

　⇒＿＿＿＿＿＿＿＿＿＿＿＿＿＿＿＿＿＿＿＿＿＿

(8) 夏はとても暑いです。

　⇒＿＿＿＿＿＿＿＿＿＿＿＿＿＿＿＿＿＿＿＿＿＿

(9) 冬は本当に寒いです。

　⇒＿＿＿＿＿＿＿＿＿＿＿＿＿＿＿＿＿＿＿＿＿＿

❸ 次の中から適切な言葉を選び、文を完成させましょう。

예뻐요	매워요	바빠요	많아요	비싸요	멀어요
싸요	커요	가까워요		친절해요	
어려웠어요		재미있어요		맛있었어요	

(1) 이 영화 어때요?
　　아주 ＿＿＿＿＿＿＿＿＿＿＿

(2) 지난 주에 시험이 어땠어요?
　　조금 ＿＿＿＿＿＿＿＿＿＿＿

(3) 기모노가 ＿＿＿＿＿＿ 한복도 정말 ＿＿＿＿＿＿＿

(4) 어제 한국요리를 먹었어요. ＿＿＿＿＿＿＿＿＿＿

(5) 비빔냉면은 정말 ＿＿＿＿＿＿＿＿＿＿＿＿＿

(6) 한국과 일본은 ＿＿＿＿＿＿＿ 미국은 ＿＿＿＿＿＿

(7) 고기는 ＿＿＿＿＿＿＿ 라면은 ＿＿＿＿＿＿＿

(8) 간호사는 매우 ＿＿＿＿＿＿＿＿＿＿＿＿＿＿

(9) 일이 어때요?
　　너무 ＿＿＿＿＿＿＿＿＿＿＿

(10) 영화관이 아주 ＿＿＿＿＿＿＿ 사람들이 정말 ＿＿＿＿＿＿

練習語句

싸다	安い	비싸다	(値段が)高い
따뜻하다	暖かい	친절하다	親切だ
크다	大きい	바쁘다	忙しい
나쁘다	悪い	아프다	痛い/具合悪い
예쁘다	きれいだ/可愛い	길다	長い
멀다	遠い	덥다	暑い
춥다	寒い	어렵다	難しい
쉽다	易しい	맵다	辛い
가깝다	近い	무겁다	重い
가볍다	軽い	어떻다	どうだ
그렇다	そうだ	봄	春
여름	夏	가을	秋
겨울	冬	기모노	着物
한복	韓服	고기	肉
냉면	冷麺	비빔냉면	ビビン冷麺

先生：とても寒いです。スンドゥブチゲはどうですか。

田中：スンドゥブチゲはどんな味ですか。

先生：とても辛いです。でも、おいしいです。

先生：面白い韓国映画が一つあります。

田中：私も観たいです。映画館は遠いですか。

先生：いいえ、近いです。映画館がとても大きいです。

田中：人がとても多いです。

先生：映画はどうでしたか。

田中：はい、とても良かったです。でも少し難しかったです。

第14課

初級作文・自己紹介

初級作文·自己紹介

Chapter 14

会話文

14-1

안녕하세요. 저는 다나카예요. 저는 한국 ①음식을 좋아해요. 서울에는 2번 ②다녀왔어요. 저는 운전을 ③할 수 있어요. ④자동차를 타고 전주에도 갔어요.

전주 비빔밥이 아주 ②맛있었어요. 또 가고 싶어요. 이민수 씨도 다음에 같이 ⑤갈까요? 사진을 많이 ⑥못 찍었어요. 다음에 같이 가면 사진 좀 ⑦찍어 주시겠어요?

다음에는 제주도에 ⑧갈 거예요. 제주도 돼지고기하고 한라봉을 꼭 ⑨먹어 보고 싶어요. 같이 가고 ⑩싶으면 ⑦연락해 주세요. 감사합니다.

新出語句

–번	~回/~度/~番	다녀오다	行ってくる
운전	運転	자동차	自動車
타다	乗る	전주	全州
사진	写真	또	また

주다	あげる/くれる	찍다	撮る
돼지	豚	제주도	済州島
한라봉	ハルラボン	고기	肉
연락	連絡	꼭	是非/必ず/きっと

文型

▶ ① -을/를 좋아하다 ～が好きだ

14-2

* 한국 노래를 좋아한다.
  韓国の歌が好きだ。

* 저는 냉면을 좋아합니다.
  私は冷麺が好きです。

* 야구를 좋아해요.
  野球が好きです。

* 수영을 좋아했어요.
  水泳が好きでした。

▶ ② -았/었[했]- 動詞/形容詞の過去形

* 부산에 다녀왔어요.
  釜山に行ってきました。

  : 다녀오(다) + 았 + 어요.

* 사진을 많이 찍었어요.
  写真をたくさん撮りました。

  : 찍(다) + 었 + 어요.

* 홋카이도는 너무 추웠어요.
  北海道はとても寒かったです。

  : 춥(다) = 추 + ㅂ → 우 + 었 + 어요.

* 정말 행복했어요.
  本当に幸せでした。

  : 행복하(다) + 하 → 했 + 어요.

▶ ③ -을/를 (動詞) + ㄹ/을 수 있다/없다
〜が 〜できる/〜できない：可能・不可能

14-3

* 한국 과자를 <u>살 수 있어요</u>.　　　: 사(다) + ㄹ + 수 있어요.
　韓国のお菓子を買うことができます。

* 김치를 <u>먹을 수 있어요</u>.　　　　: 먹(다) + 을 + 수 있어요.
　キムチを食べることができます。

* 한국말을 <u>할 수 없어요</u>.　　　　: 하(다) + ㄹ + 수 없어요.
　韓国語を話すことができません。

* 사진을 <u>찍을 수 없어요</u>.　　　　: 찍(다) + 을 + 수 없어요.
　写真を撮ることができません。

▶ ④ (乗物)-을/를 타다　〜に乗る

* 버스를 <u>탔습니다</u>.　　　　　* 택시를 <u>탑니다</u>.
　バスに乗りました。　　　　　　タクシーに乗ります。

* 지하철을 <u>탔어요</u>.　　　　　* 자전거를 <u>탈 수 있어요</u>.
　地下鉄に乗りました。　　　　　自転車に乗ることができます。

▶ ⑤ 動詞-[으]ㄹ까요?　〜ましょうか：勧誘
　　動詞-[으]ㅂ시다　〜ましょう：勧誘

14-4

* 커피를 <u>마실까요</u>?　　　　　: 마시(다) + ㄹ까요?
　コーヒーを飲みましょうか。

* 같이 아이스크림을 <u>먹을까요</u>?　　: 먹(다) + 을까요?
　一緒にアイスクリームを食べましょうか。

* 김밥을 <u>만들까요</u>?　　　　　: 만들(다) + ㄹ脱落 + ㄹ까요?
　のり巻を作りましょうか。

146

* 7시에 <u>만납시다</u>.   : 만나(다) + ㅂ시다.
 7時に会いましょう。

* 빨리 <u>먹읍시다</u>.   : 먹(다) + 읍시다.
 早く食べましょう。

* 홈페이지를 <u>만듭시다</u>.   : 만들(다) + ㄹ脱落 + ㅂ시다.
 ホームページを作りましょう。

▶ ⑥ 안 - / -지 않다, 못 - / -지 못하다 : 否定・不可能

14-5

	～しません		～できません	
	안 −ㅂ(습)니다 안 −아(어)요	−지 않습니다 −지 않아요	못 −ㅂ(습)니다 못 −아(어)요	−지 못합니다 −지 못해요
사다 買う	안 삽니다 안 사요	사지 않습니다 사지 않아요	못 삽니다 못 사요	사지 못합니다 사지 못해요
먹다 食べる	안 먹습니다 안 먹어요	먹지 않습니다 먹지 않아요	못 먹습니다 못 먹어요	먹지 못합니다 먹지 못해요

▶ ⑦ 動詞-아/어(해) 주시겠어요? ～していただけますか : 依頼
動詞-아/어(해) 주세요 ～してください : 依頼

* 창문을 좀 <u>닫아 주시겠어요</u>?   : 닫(다) + 아 주시겠어요?
 窓を閉めていただけますか。

14-6

* 사진을 좀 <u>찍어 주시겠어요</u>?   : 찍(다) + 어 주시겠어요?
 写真を撮っていただけますか。

* 도서관을 좀 <u>안내해 주시겠어요</u>?   : 안내 + 하(다) → 해 주시겠어요?
 図書館を案内していただけますか。

* 서울역으로 좀 <u>와</u> 주세요.　　　: 오(다) + 아 → **와** 주세요.
　ソウル駅に来てください。

* 그걸로 좀 <u>바꿔</u> 주세요.　　　: 바꾸(다) + 어 → **꿔** 주세요.
　それと交換してください。

* 한 번 더 <u>말해</u> 주세요.　　　: 말 + 하(다) → **해** 주세요.
　もう一度話してください。

▶ ⑧ 動詞-[으]ㄹ 거예요　　〜するつもりです：未来/意思
　　形容詞-[으]ㄹ 거예요　〜と思います：推測

* 도쿄에 <u>갈</u> 거예요.　　　: 가(다) + ㄹ 거예요.　　14-7
　東京に行くつもりです。

* 이 볼펜을 <u>줄</u> 거예요.　　　: 주(다) + ㄹ 거예요.
　このボールペンをあげるつもりです。

* 여기에 <u>앉을</u> 거예요.　　　: 앉(다) + 을 거예요.
　ここに座るつもりです。

* 햄버거를 <u>먹을</u> 거예요.　　　: 먹(다) + 을 거예요.
　ハンバーガーを食べるつもりです。

* 한국어를 아주 <u>잘할</u> 거예요.　　: 잘하(다) + ㄹ 거예요.
　韓国語がとても上手だと思います。

* 가방이 정말 <u>예쁠</u> 거예요.　　: 예쁘(다) + ㄹ 거예요.
　カバンがとても可愛いと思います。

* 그 영화는 <u>재미있을</u> 거예요.　　: 재미있(다) + 을 거예요.
　その映画は面白いと思います。

* 아마 <u>괜찮을</u> 거예요.　　　: 괜찮(다) + 을 거예요.
　多分大丈夫だと思います。

▶ ⑨ 動詞＋아/어(해) ＋보다　　～てみる：試み
　　動詞＋아/어(해)도 ＋돼요? ～てもいいですか：許可

* 여기에 <u>앉아 보고</u> 싶어요.　　　　　　　: 앉(다) + 아 보고 싶어요.
　ここに座ってみたいです。

14-8

* 이 옷을 한 번 <u>입어 봐요</u>.　　　　　　　: 입(다) + 어 보 + 아요 → 봐요.
　この服を一回着てみてください。

* 이렇게 <u>해 보세요</u>.　　　　　　　　　　: 하(다) → 해 보세요.
　こうしてみてください。

* 같이 <u>가도 돼요?</u>　　　　　　　　　　: 가(다) + 아 → 가도 돼요?
　一緒に行ってもいいですか。

* 사진을 <u>찍어도 돼요?</u>　　　　　　　　: 찍(다) + 어도 돼요?
　写真を撮っていいですか。

* 여기에 <u>주차해도 돼요?</u>　　　　　　　: 주차 + 하(다) → 해도 돼요?
　ここに駐車してもいいですか。

▶ ⑩ 動詞/形容詞-(으)면　　～ば、～なら：仮定/条件
　　動詞-(으)면 돼요?　　　～すればいいですか：許可

* 어떻게 <u>하면 돼요?</u>　　　　　　　　　: <u>하(다)</u> + 면 돼요?
　どうすればいいですか。

14-9

* 이렇게 <u>먹으면 돼요?</u>　　　　　　　　: <u>먹(다)</u> + 으면 돼요?
　こう食べればいいですか。

文型語句

취미	趣味	야구	野球
수영	水泳	다녀오다	行ってくる
사진	写真	찍다	撮る
홋카이도	北海道	행복하다	幸せだ
김치	キムチ	한국말	韓国語
버스	バス	택시	タクシー
지하철	地下鉄	홈페이지	ホームページ
빨리	早く	닫다	閉める
창문	窓	서울역	ソウル駅
안내하다	案内する	말하다	話す
바꾸다	変える	햄버거	ハンバーガー
앉다	座る	이렇게	このように
괜찮다	大丈夫だ	어떻게	どのように
주차하다	駐車する		

앞의 10개 문형 표현 가운데 5개 이상의 문형을 사용하여, '나의 취미' 등 자기소개를 써 봅시다(200자 정도). 한국어 문장을 완성한 뒤에, 활용한 문형에 밑줄을 긋고 번호를 매긴 뒤, 문형 구성 과정을 설명해 봅시다. 한국어 문장 밑에는 일본어 표현도 함께 써 봅시다.

前の 10 ある文型表現の中から 5 つ以上の文型を使って「私の趣味」など、自己紹介文を書いてみましょう（200 字程度）。韓国語の文を完成させた後、活用した文型に下線を引いて番号を付け、文型の構成過程を説明しましょう。韓国語の文章の下には日本語訳も書きましょう。

例) 저는 한국 ①음악을 좋아해요. 케이팝 콘서트에 ⑧갈 거예요.

私は韓国の音楽が好きです。K-POPコンサートに行くつもりです。

① 음악을 좋아하(다) → 해요.

⑧ 가(다) + ㄹ 거예요.

_____

_____

_____

_____

_____

_____

_____

_____

_____

_____

_____

_____

151

こんにちは。私は田中です。私は韓国料理が好きです。ソウルには2回行ってきました。私は運転ができます。車に乗って全州にも行きました。

全州ビビンバがとてもおいしかったです。また行きたいです。イ・ミンスさんも今度一緒に行きましょうか。写真をあまり撮れませんでした。次、一緒に行ったら写真を撮っていただけますか。

今度は、済州島に行くつもりです。済州島の豚肉とハルラボンを是非食べてみたいです。一緒に行きたかったら連絡してください。ありがとうございます。

日本語のハングル表記

あ		아	い	이	う	우	え	에	お		오			
か	(語頭)	가	き	기	く	구	け	게	こ		고			
	(語中)	카		키		쿠		케			코			
が		가	ぎ	기	ぐ	구	げ	게	ご		고			
さ		사	し	시	す	스	せ	세	そ		소			
ざ		자	じ	지	ず	즈	ぜ	제	ぞ		조			
た	(語頭)	다	ち	지	つ	쓰	て	데	と		도			
	(語中)	타		치		쓰		테			토			
だ		다	ぢ	지	づ	즈	で	데	ど		도			
な		나	に	니	ぬ	누	ね	네	の		노			
は		하	ひ	히	ふ	후	へ	헤	ほ		호			
ば		바	び	비	ぶ	부	べ	베	ぼ		보			
ぱ		파	ぴ	피	ぷ	푸	ぺ	페	ぽ		포			
ま		마	み	미	む	무	め	메	も		모			
や		야			ゆ	유			よ		요			
ら		라	り	리	る	루	れ	레	ろ		로			
わ		와	を	오			ん	パッチム ㄴ	っ		パッチム ㅅ			

模範解答

第1課　母音・子音

聞き取り p.13

1|②어　　2|②오　　3|①나

4|②아이　5|①오이　6|②우리

7|②고기　8|②다리　9|②나라

10|②라디오

聞き取り p.20

1|①가수　2|①하나　3|②지구

4|①머리　5|①모자　6|②서류

7|①바지　8|①거리　9|②허리

10|②휴가

第2課　激音・濃音・二重母音

聞き取り p.25

1|①치마　　2|①티셔츠　3|②마스크

4|①커피　　5|①도토리　6|②아파트

7|①피자　　8|②포도　　9|②고추

10|①유자차

聞き取り p.29

1|①따다　　2|②뿌리　　3|①토끼

4|①꼬리　　5|②짜다　　6|②찌개

7|②싸다　　8|①아저씨　9|①오빠

10|②머리띠

聞き取り p.33

1|②계　　　2|①뇌　　　3|①왜

4|②가위　　5|①추워요　6|②사과

7|②얘기　　8|①의사　　9|①돼지

10|②도와요

第3課　パッチム・発音法則

p.40

① 억　② 곁　③ 밑　④ 낚　⑤ 밥

⑥ 곧　⑦ 빵　⑧ 옷　⑨ 숲　⑩ 했

⑪ 놓　⑫ 딸　⑬ 찾　⑭ 잠

聞き取り p.43

1|②삼　　　2|②공　　　3|①밥

4|②밭　　　5|①별　　　6|①밖

7|①섞다　　8|②숲　　　9|①꽂다

10|①웃다

第4課　あいさつ

p.54

❶ (1) 는　(2) 은　(3) 는　(4) 은

❷ (1) 입니다　　　(2) 입니까

　(3) 입니까　　　(4) 입니다

❸ (1) 감사합니다.　(2) 고맙습니다.

　(3) 미안합니다. / 괜찮습니다.

(4) 어서 오세요.

4 · 안녕하세요.

· 처음 뵙겠습니다.

· 저는 (例:시라카와) 대학교 (例:한국어)

학과 (例:다나카 마유코)입니다.

· 만나서 반갑습니다.

· 잘 부탁합니다.

· 고맙습니다.

第5課 ひと

p.60

1 (1) 이   (2) 가   (3) 이   (4) 가

2 (1) 이, 한국 사람

(2) 이, 일본어 선생

(3) 가, 중국 의사

(4) 가, 미국 선수

3 (1) 회사원, 이, 학생

(2) 학생, 이, 선생님

(3) 가, 간호사

(4) 중국어 학과, 가, 한국어 학과

(5) 요리사, 가, 회사원입니다.

4 (1) 야마다입니다.

(2) 선생님이, 가수입니다.

(3) 한국어 학과 학생이, 중국어 학과 학

생입니다.

(4) 한국 사람이, 미국 사람입니다.

(5) 시라카와 대학교입니다, 시라카와 대

학교가

(6) 후쿠오카입니다, 후쿠오카가

第6課 もの

p.68

1 ① 이것, 책

② 그것, 가방

③ 저것, 무엇, 저것, 휴대폰

2 ① 의, 그것, 의

② 의, 내/제

③ 누구의, 저것, 의

3 (1) 무엇, 휴대폰

(2) 교과서, 교과서

(3) 볼펜, 이것은, 볼펜이

(4) 지갑, 지갑, 저것은, 지갑이

4 (1) 안경, 안경, 이

(2) 컴퓨터, 컴퓨터, 가

(3) 지갑, 지갑, 이, 아닙니다.

(4) 모자, 모자, 가, 아닙니다.

(5) 시계, 시계입니다, 시계, 가

(6) 은, 자전거, 자전거, 자전거, 가

(7) 가방, 은, 가방, 가방입니다, 가방,

이, 아닙니다

(8) 교통카드, 교통카드입니다, 교통카

드, 가, 아닙니다

第7課 場所

p.77

1 (1) 아래/밑   (2) 책상 오른쪽

(3) 책상 위   (4) 가방 안

(5) 옆   (6) 교과서, 가

(7) 선생님, 이   (8) 지갑, 휴대폰, 이

❷ (1) 왼쪽/옆　　(2) 오른쪽/옆

(3) 뒤　　(4) 안

(5) 호텔, 사이　　(6) 식당, 이

(7) 카페, 편의점, 이

❸ (1) 다나카씨는, 가, 어디에 있습니

(2) 도서관에 있습니

(3) 선생님, 이, 어디에 있습니

(4) 연구실에 있습니

(5) 휴대폰, 은, 어디에 있어

(6) 교과서 왼쪽에 있어

(7) 안경, 은, 어디에 있어

(8) 책상 위에 있어

❹ (1) 한국 사람이에요

(2) 일본 사람이에요

(3) 여기는 어디예요

(4) 그쪽이 한국 대학교예요

(5) 저기가 아소산이에요

(6) 한라산은 이쪽이에요

(7) 어느 쪽이 다나카 씨예요

(8) 저 사람이 이민수 씨예요

第8課　買い物

p.85

❶ (1) 십이만　　(2) 두

(3) 팔만 구천　　(4) 이십사

(5) 삼천 오백　　(6) 삼

(7) 천, 팔백 오십　　(8) 구천

❷ (1) 세　　(2) 다섯

(3) 네　　(4) 천 이백

(5) 이만　　(6) 천 오백, 삼천

(7) 열　　(8) 여덟

❸ (1) 김은 얼마예

(2) 김은 오천 원이에

(3) 이 엽서는 얼마예

(4) 그 엽서는 삼백 원이에

(5) 물수건 두 개하고 물 주세

(6) 봉지 한 장 주세

(7) 콜라 한 개, 커피 한 개 주세

(8) 전부 팔천 오백 원이에

❹ (1) 친구가 두 명이에요?

(2) 김 다섯 개 주세요

(3) 커피 네 잔 주세요

(4) 엽서 세 장에 구백 원입니다

(5) 콘서트 티켓은 구만 칠천 원입니다

(6) 이 컴퓨터는 백 오십 육만 팔천 원입
니다

(7) 봉지는 한 장에 오십 원입니다

(8) 사과는 열 개에 팔천 원입니다

第9課　時間

p.93

❶ (1) 한, 삼십　　(2) 두, 오십

(3) 네, 사십오　　(4) 여덟, 십오

(5) 열한, 이십　　(6) 열두, 오

❷ 오전, 오후, 아침, 점심, 저녁, 어제,
오늘, 내일 / 낮, 밤, 지난달, 이번 달,
다음 달, 지난주, 이번 주, 다음 주

❸ (1) 일 층

(2) 사 층에 있어요.

(3) 카페가 있어요.

(4) 이 층에

(5) 오 층에 있어요.

❹ 월요일, 화요일, 수요일, 목요일, 금요일,
　 토요일, 일요일

❺ (1) 지금 몇 시예요

(2) 생일은 몇 월이에요

(3) 제 생일은 시월 육일이에요

(4) 오늘이(은) 며칠이에요

(5) 오늘은 십일월 이십오일이에요

(6) 내일이(은) 무슨 요일이에요

(7) 내일은 목요일이에요

(8) 콘서트는 언제예요

(9) 다음 달 칠일이에요

(10) 한국어 수업은 언제예요

(11) 다음 주 월요일이에요

(12) 몇 살이에요

(13) 저는 열 아홉 살이에요

(14) 저는 스무 살이에요

第10課　動詞

p.101

❶ (1) 이 　　　　　(2) 은, 에

(3) 은, 에서 　　　(4) 를

(5) 에서 　　　　　(6) 하고/와, 를

(7) 는, 에서 　　　(8) 에, 이

(9) 가 　　　　　　(10) 을

(11) 하고/과, 를 　(12) 하고/와, 도

(13) 에게, 을 　　　　(14) 부터, 까지

❷ (1) 삽니다. 　　　　(2) 갑니다.

(3) 옵니다. 　　　　(4) 마십니까

(5) 먹습니다. 　　　(6) 읽습니다.

(7) 부릅니까 　　　(8) 듣습니다.

(9) 봅니다. 　　　　(10) 만듭니까

(11) 있습니까 　　　(12) 없습니다.

(13) 찍습니까 　　　(14) 걷습니다.

(15) 탑니다.

❸ (1) 백화점에 갑니다.

(2) 토요일에 친구와 영화를 봅니다.

(3) 김밥을 먹습니다.

(4) 목요일에 옵니다.

(5) 한국어 공부를 합니다.

(6) 케이팝을 듣습니다.

(7) 노래방에서 노래를 부릅니다.

(8) 쇼핑을 합니다.

❹ (1) 열두 시 십오 분에 친구를 만납니다.

(2) 한국어 수업은 월요일에 있습니다.
　　 오전 열한 시부터 합니다.

(3) 식당에서 아르바이트를 합니다.
　　 오후 다섯 시부터 합니다.

(4) 공부를 합니다. 오후 세 시부터 도서
　　 관에서 합니다.

(5) 오후 여섯 시 삼십 분(반)부터 아홉
　　 시까지 합니다.

❺ (1) 구마모토가 고향입니다.

(2) 지금은 후쿠오카에 삽니다.

(3) 구마모토에서 도쿄까지 갑니다.

(4) 내일 친구를 만납니다.

157

(5) 친구하고(와) 같이 한국에서 쇼핑을
합니다.

(6) 어머니하고(와) 같이 드라마를 봅니다.

(7) 선생님하고(과) 같이 케이팝을 듣습
니다.

(8) 떡볶이하고(와) 사과를 먹습니다.

(9) 한국식당에서 막걸리를 마십니다.

(10) 컵라면하고(과) 김밥을 먹습니다.

第11課　動詞・形容詞

p.111

❶ 語幹の最後の母音が陽性母音のもの:
가다 살다 오다 보다 사다 좋다 팔다
타다 끝나다 자다 만나다
語幹の最後の母音が陰性母音のもの:
먹다 있다 서다 멀다 없다 읽다 지내다
배우다 만들다 마시다 기다리다 도와주
다 맛있다
하다で終わるもの:
공부하다 사랑하다 시작하다 운동하다

❷ Ⓐ 좋아요 먹어요 살아요 만들어요 있어
요 맛있어요 멀어요 없어요 팔아요
읽어요

Ⓑ 가요 서요 자요 만나요 지내요 사요
끝나요 타요 와요 도와줘요 봐요 배
워요 마셔요 기다려요

Ⓒ 시작해요 운동해요 공부해요 사랑해
요 친구예요 선생님이에요

Ⓓ 들어요 걸어요 써요 꺼요

❸ ① 서울에 가요.

② 내일 일본에 와요?

③ 금요일에 친구를 만나요.

④ 일요일 아침에 운동해요?

⑤ 한국 요리가 맛있어요.

⑥ 아침에 우유를 마셔요?

⑦ 김밥을 사요.

⑧ 이민수 씨는 유학생이에요?

⑨ 오늘 저녁은 어디에서 먹어요?

⑩ 토마토는 슈퍼에서 팔아요.

❹ ② 여덟 시 십 분에 학교에 가요.

③ 아홉 시에 수업이 시작해요.

④ 열 두 시에 학생 식당에서 점심을 먹
어요.

⑤ 두 시 삼십 분(반)에 수업이 끝나요.

⑥ 오후에 도서관에서 공부해요.

⑦ 다섯 시 십오 분에 식당에서 아르바
이트를 해요.

⑧ 일곱 시 삼십 분에 집에 (돌아)와요.

⑨ 여덟 시에 저녁을 먹어요.

⑩ 여덟 시 사십오 분에 티브이를 봐요.

⑪ 보통 열한 시에 자요.

❻ ① 다섯 사람이에요.

② 아니요, 어머니는 회사원이 아니에
요. (어머니는 간호사예요.)

③ 아니요, 남동생은 없어요.
(여동생이 있어요.)

④ 슈퍼에서 사요.

⑤ 한국 요리를 배워요.

⑥ 불고기와 비빔밥을 좋아해요.

158

第12課　過去形

p.122

❶ 例①(1) 팔았습니다. 팔았어요.

　　　　(2) 놀았습니다. 놀았어요.

　　　　(3) 알았습니다. 알았어요.

　例②(1) 샀습니다. 샀어요.

　　　　(2) 탔습니다. 탔어요.

　　　　(3) 봤습니다. 봤어요.

　例③(1) 읽었습니다. 읽었어요.

　　　　(2) 멀었습니다. 멀었어요.

　　　　(3) 만들었습니다. 만들었어요.

　例④(1) 마셨습니다. 마셨어요.

　　　　(2) 줬습니다. 줬어요.

　　　　(3) 바꿨습니다. 바꿨어요.

　例⑤(1) 운동했습니다. 운동했어요.

　　　　(2) 식사했습니다. 식사했어요.

　　　　(3) 쇼핑했습니다. 쇼핑했어요.

　例⑥(1) 선배였습니다. 선배였어요.

　　　　(2) 학생이었습니다. 학생이었어요.

　　　　(3) 후배였습니다. 후배였어요.

　　　　(4) 라면이었습니다. 라면이었어요.

　　　　(5) 떡볶이였습니다. 떡볶이였어요.

　　　　(6) 생일이었습니다. 생일이었어요.

❷ (1) 안 읽습니다. 안 읽어요.

　(2) 안 먹습니다. 안 먹어요.

　(3) 안 만납니다. 안 만나요.

　(4) 못 듣습니다. 듣지 못합니다.

　(5) 못 마십니다. 마시지 못합니다.

　(6) 못 엽니다. 열지 못합니다.

(7) 일, 을, 못 합니다. / 일, 을, 하지 못
　　합니다.

(8) 운동, 을, 못 합니다. / 운동, 을, 하
　　지 못합니다.

(9) 노래, 를, 못 합니다. / 노래, 를, 하
　　지 못합니다.

❸ (1) 어디에 갔습니까? / 갔어요?

　(2) 서울에 갔습니다. / 갔어요.

　(3) 서울에서 무엇을 했습니까? / 했어
　　　요?

　(4) 떡볶이를 먹었습니다. / 먹었어요.

　(5) 명동에서 쇼핑도 했습니다. / 했어요.

　(6) 무엇을 샀습니까? / 샀어요?

　(7) 교통카드를 샀습니다. / 샀어요.

　(8) 택시를 탔습니까? / 탔어요?

　(9) 택시를 안 탔습니다. / 안 탔어요. /
　　　타지 않았습니다. / 타지 않았어요.

　(10) 지하철을 탔습니다. / 탔어요.

　(11) 주말에는 무엇을 했습니까? / 했어요?

　(12) 콘서트에 갔습니다. / 갔어요.

　(13) 재미있었습니다. / 재미있었어요.

　(14) 영화도 봤습니까? / 봤어요?

　(15) 영화는 안 봤습니다. / 안 봤어요. /
　　　보지 않았습니다. / 보지 않았어요.

　(16) 음악을 들었습니다. / 들었어요.

　(17) 선생님의 생일은 지난주였습니까? /
　　　지난주였어요?

　(18) 제/내 생일은 어제였습니다. / 어제
　　　였어요

　(19) 선물을 받았습니까? / 받았어요?

159

⑳ 선물은 못 받았습니다. / 못 받았어요. /
받지 못했습니다. / 받지 못했어요.

㉑ 어제는 시험이었습니다. / 시험이었
어요.

第13課　形容詞・感想文

p.137

❶ 正則

많아요/많습니다

싸요/쌉니다

비싸요/비쌉니다

따뜻해요/따뜻합니다

친절해요/친절합니다

(1)「ㅡ」脱落

커요/큽니다

바빠요/바쁩니다

나빠요/나쁩니다

아파요/아픕니다

예뻐요/예쁩니다

(2)「ㄹ」脱落

길어요/깁니다

멀어요/멉니다

(3)「ㅂ」変則

더워요/덥습니다

추워요/춥습니다

어려워요/어렵습니다

쉬워요/쉽습니다

매워요/맵습니다

가까워요/가깝습니다

무거워요/무겁습니다

가벼워요/가볍습니다

(4)「ㅎ」変則

어때요/어떻습니다

그래요/그렇습니다

❷ (1) 오늘 도쿄(의) 날씨는 어때요?/어떻
습니까?

(2) 오늘은 날씨가 좋아요./좋습니다.

(3) 어제 서울(의) 날씨는 어땠어요?/어
땠습니까?

(4) 날씨가 나빴어요./나빴습니다.
눈이 왔어요./왔습니다.

(5) 주말에 구마모토(의) 날씨는 어땠어
요?/어땠습니까?

(6) 비가 왔어요./비가 왔습니다.

(7) 봄은 따뜻해요./따뜻합니다.

(8) 여름은 너무 더워요./덥습니다.

(9) 겨울은 정말 추워요./춥습니다.

❸ (1) 재미있어요.

(2) 어려웠어요.

(3) 예뻐요. 예뻐요.

(4) 맛있었어요.

(5) 매워요.

(6) 가까워요. 멀어요.

(7) 비싸요. 싸요.

(8) 친절해요.

(9) 바빠요.

⑽ 커요. 많아요.

単語リスト

ㄱ	
-가	～が(～は)
가게	店
가격표	価格表
가구	家具
가깝다	近い
가다	行く
가방	カバン
가볍다	軽い
가수	歌手
가운데	真ん中
가위	ハサミ
가을	秋
가이	ガイ(guy)
가족	家族
가지	ナス
가짜	偽物
간호사	看護師
갈등	葛藤
감다	巻く
감사합니다	感謝します
감자	ジャガイモ

값	値打ち
강아지	子犬
같이	一緒に
개	犬
-개	～個
거기	そこ
거리	距離/街
거미	クモ
걷다	歩く
것	もの/こと
겉옷	上着
게	カニ
겨울	冬
경찰관	警察官
계	合計
고기	肉
고등학생	高校生
고려	考慮/高麗
고리	輪/リング
고맙습니다	ありがとうございます
고양이	猫
고추	唐辛子

161

고향	故郷	구일	9日
곰	熊	국립	国立
공	ボール	국물	汁/スープ
공무원	公務員	국화	菊
공부	勉強	굶다	飢える
공부하다	勉強する	궤도	軌道
공생	共生	그	その
공원	公園	그걸로	それに(する)/それで
−과	〜と	그것(그거)	それ
과자	お菓子	그녀	彼女
과정	過程	그래도	それでも
과제	課題	그런데	ところで
괜찮다	大丈夫	그렇다	そうだ
괜찮습니다	大丈夫です	그리고	そして
교과서	教科書	그림엽서	絵はがき
교류	交流	그쪽	そちら
교실	教室	근처	近所/近く
교외	郊外	금요일	金曜日
교통카드	交通カード	급하다	急ぐ
구	9	긋다	(線を)引く
구두	革靴	기다리다	待つ
구마모토	熊本	기러기	雁
구매	購買	기모노	着物
구성	構成	기쁘다	嬉しい
구월	9月	기숙사	寄宿舎/寮

162

길	道	난로	暖炉
길가	道端	날씨	天気
길다	長い	남동생	弟
김	海苔	남자	男/男子
김치	キムチ	낮	昼間
ー까지	～まで	낮다	低い
깎다	値切る/(髪を)切る/削る	낯설다	見慣れない
깨	ごま	낳다	産む
꼬리	尻尾	내	私の
꼭	ぜひ/必ず	내가	私が
꼽다	挙げる/(数えるため)指を折る	내다	払う/出す
꽂다	差し込む	내일	明日
꽃잎	花びら	냉면	冷麺
끄다	消す	너	あなた/君/お前
끝	終わり	너무	とても
끝나다	終わる	넓다	広い
		네	はい
		넷/네	四つ
		노래	歌
		노래방	カラオケ
	ㄴ	놀다	遊ぶ
나	私	높다	高い
나/저	私/わたくし	뇌	脳
나라	国立	누가	誰が
나쁘다	悪い	누구	誰
나이	年齢		

누나	姉(男性から)	데이트	デート
눈	目/雪	−도	〜も
뉘	誰/誰の	도끼	斧
−는	〜は	도로	道路
		도서관	図書館

<table>
<tr><td colspan="2" align="center">ㄷ</td></tr>
</table>

다녀오다	行ってくる/帰る	도시락	弁当
다리	脚/橋	도와요	手伝います
다섯	五つ	도와주다	手伝う
다음	次	도쿄	東京
다음 달	来月	도토리	どんぐり
다음 주	来週	돌아가다	帰る
다음에	次に/今度	돕다	手伝う
단위	単位	동생	弟／妹
닫다	閉める	동아리	サークル
닫히다	閉まる	돼지	豚
달	月	되다	なる
대기	待機/大気	두부	豆腐
대학교	大学	둘/두	二つ
대학생	大学生	뒤	後ろ
댄스	ダンス	드라마	ドラマ
더	もっと/より	드리다	さしあげる
더워요	暑いです	듣다	聞く
덥다	暑い	−들	〜たち
데우다	温める	−등	〜など
		디저트	デザート

따다	とる
따뜻하다	暖かい
떡볶이	トッポッキ
떫다	渋い
또	また

ㄹ

라디오	ラジオ
라면	ラーメン
─를	〜を

ㅁ

─마리	〜匹
마스크	マスク
마시다	飲む
마흔	40
막걸리	マッコリ
만	万
만나다	会う
만나서 반갑습니다	お会いできてうれしいです
만들다	作る
많다	多い
많이	たくさん
말하다	話す

맛	味
맛있다	おいしい
매기다	(値段/順序などを)付ける
매우	とても
매일	毎日
맥주	ビール
맵다	辛い
머리	頭/髪
머리띠	ヘアバンド
먹다	食べる
멀다	遠い
며칠	何日
─명	〜名/〜人
명동	明洞
몇	いくつ
몇 시	何時
몇 월	何月
몇 인분	何人前
몇리	何里
모두	みんな/全部で
모임	集まり
모자	帽子
목요일	木曜日
몫	分け前/役割

165

무겁다	重い
무릎	膝
무섭다	怖い
무슨	何の
무슨 요일	何曜日
무엇	何
문	ドア
문형	文型
물	水
물난리	水害
물수건	おしぼり
미국	アメリカ
미안합니다	ごめんなさい
밑	底/真下
밑줄	下線

ㅂ	
바꾸다	変える
바다	海
바쁘다	忙しい
바지	ズボン
박스	ボックス/箱
밖	外
받다	もらう/受ける
발	足

발레리나	バレリーナ
발전	発展/発電
밟다	踏む
밤	栗/夜
밥	ご飯
방	部屋
밭	畑
배우다	習う/学ぶ
백	100
백화점	百貨店
버스	バス
번호	番号
베스트	ベスト
별	星
병	瓶/病気
−병	〜本(瓶)
보다	見る
보리차	麦茶
보통	普通/普段
볼펜	ボールペン
봄	春
봉지	レジ袋
부르다	呼ぶ/歌う
부리	くちばし
부산	釜山

166

부엌	キッチン	사일	4日
―분	～分	사자	ライオン
불고기	プルコギ	사진	写真
비	雨	산	山
비빔냉면	ビビン冷麺	―살	～歳
비빔밥	ビビンバ	살다	住む/暮らす/生きる
비싸다	(値段が)高い	삼	3
비자	ビザ	삼각김밥	おにぎり
빨갛다	赤い	삼십	30
빨래	洗濯/洗濯物	삼십 분/반	30分/半
빨리	速く	삼십일	30日
뼈	骨	삼월	3月
뿌리	根	삼일	3日
		색연필	色鉛筆
		생선	魚

ㅅ

사	4	생수	ミネラルウォーター
사과	リンゴ	생일	誕生日
사다	買う	생일 파티	誕生日パーティー
사람	人	서다	立つ/止まる
사랑하다	愛する	서류	書類
사십	40	서른	30
사용하다	使用する/使う	서울	ソウル
사월	4月	서울역	ソウル駅
사이	間	섞다	混ぜる
사이즈	サイズ	선물	プレゼント/お土産

선배	先輩	스물/스무	20
선생님	先生	스웨터	セーター
선수	選手	슬프다	悲しい
설날	正月	−시	〜時
설명하다	説明する	시계	時計
세배	新年のあいさつ	시라카와	白川
센티	センチ(㎝)	시월	10月
셋/세	3	시작하다	始める
소리	音	시청역	市庁駅
소방관	消防士	시험	試験
쇼핑	ショッピング	식당	食堂
수	数	식사	食事
수업	授業	식사하다	食事する
수업료	授業料	신다	履く
수영	水泳	실례합니다	失礼します
수요일	水曜日	심리	心理
순두부찌개	スントゥブチゲ	십	10
술잔	さかずき	십이월	12月
숨다	隠れる	십일	10日
숫자	数字	십일월	11月
숲	森	싸다	安い
쉬다	休む	쑥	よもぎ
쉰	50	쓰다	使う/書く/苦い
쉽다	簡単だ/易しい	−씨	〜さん
슈퍼	スーパー		

168

	○	안녕	おはよう/じゃあね
아가	赤ちゃん	안녕하세요	こんにちは
아니다	違う	안녕히 가세요	さようなら(去る人へ)
아니요	いいえ	안녕히 계세요	さようなら(留まる人へ)
아래	下	앉다	座る
아르바이트	アルバイト	앉히다	座らせる
아마	多分	알다	分かる/知る
아버지	父	앞	前
아빠	パパ	앞머리	前髪
아소산	阿蘇山	애	子供
아우	下の兄弟	야구	野球
아이	子供	야구 선수	野球選手
아이스크림	アイスクリーム	야유	揶揄
아이폰	iPhone	약국	薬局
아저씨	おじさん	약속	約束
아주	とても	얘기	話
아차차	おっとっと	어느	どの
아침	朝	어느 것 (어느 거)	どれ
아토피	アトピー	어느 쪽	どちら
아파트	アパート	어디	どこ
아프다	痛い/具合悪い	어떤	どんな
아홉	九つ	어떻게	どのように
안	中	어떻다	どうだ
안경	眼鏡	어렵다	難しい
안내하다	案内する		

어머니	お母さん	여행	旅行
어부	漁師	연구실	研究室
어서 오세요	いらっしゃいませ	연락	連絡
어이	おい	열	10
어제	昨日	열다	開ける
억	億	엽서	ハガキ
언니	姉(女性から)	영상	映像
언제	いつ	영어	英語
얼굴	顔	영화	映画
얼마	いくら	영화관	映画館
얼마예요	いくらですか	옆	横/隣
엄마	ママ	옆집	隣の家
없다	ない/いない	예비	予備
–에	〜に	예쁘다	きれい
–에게	〜に	예순	60
–에서	〜で	–예요	〜です
에이	A	오	5
여기	ここ	오늘	今日
여덟	八つ	오다	来る
여동생	妹	오른쪽	右側
여름	夏	오리	アヒル
여섯	六つ	오빠	兄(女性から)
여유	余裕	오십	50
여자	女/女子	오월	5月
여주시	驪州市	오이	きゅうり

170

오일	5日	–월	〜月
오전	午前	월요일	月曜日
오후	午後	웨이터	ウェーター
온라인	オンライン	위	上
옳다	正しい	유명하다	有名だ
옷	服	유월	6月
–와	〜と	유자차	ゆず茶
완성하다	完成する	유쾌	愉快
왜	なぜ	유튜브	YouTube
외곬	一途／ひたむき	유학생	留学生
왼쪽	左側	육	6
요가	ヨガ	육십	60
요리	料理	육일	6日
요리사	料理人	으아	うあ
요요	ヨーヨー	–은	〜は
요일	曜日	–을	〜を
우리	私たち/私	읊다	詠む
우산	傘	음력	陰暦
우애	友愛	음식	食べ物
우유	牛乳	음악	音楽
운동	運動	–의	〜の
운전	運転	의사	医者
울다	泣く	이	2
웃다	笑う	–이	〜が
–원	〜ウォン	이것(이거)	これ

이렇게	このように	읽다	読む
이름	名前	−입니까?	〜ですか
이번 달	今月	−입니다	〜です
이번 주	今週	입다	着る
이사	引っ越し/理事	입문	入門
이상	以上/理想	있다	ある/いる
이십	20	있습니다	あります/います
이십일	21	있어요	あります/います
−이에요	〜です		
−이요	〜です		

ㅈ	
자기소개	自己紹介

이월	2月
이유	理由
이일	2日
이쪽	こちら
−인분	〜人前
인터넷	インターネット
일	1/日/仕事
−일	〜日
일곱	七つ
일본	日本
일본어	日本語
일어나다	起きる
일요일	日曜日
일월	1月
일일	1日
일하다	働く

자다	寝る
자동차	自動車
자유	自由
자전거	自転車
작다	小さい
−잔	〜杯
잘	よく
잘 부탁합니다	よろしくお願いします
잘 하다	上手だ
잡지	雑誌
−장	〜枚
재료	材料
재미있다	面白い
저	あの
저것(저거)	あれ

172

저기	あそこ	주스	ジュース
저녁	夕方	주차하다	駐車する
저쪽	あちら	줄넘기	縄跳び
적다	少ない	중국	中国
전라도	全羅道	중국어	中国語
전부	全部/全部で	줘요	ください
전주	全州	지갑	財布
젊다	若い	지구	地球
점심	昼	지난달	先月
젓다	かき回す	지난주	先週
정류장	停留所	지내다	過ごす
정말	本当に	지도	地図
제	私の	지하철	地下鉄
제가	私が	직업	職業
제주도	済州島	집	家
조개	貝	짜다	塩辛い
조금	少し	짧다	短い
좀	ちょっと	쪼개다	割る
종로	鍾路	쫓다	追う
좋다	良い	찌개	チゲ/鍋
좋아하다	好きだ	찍다	撮る
주다	あげる/くれる		

ㅊ	
주말	週末		
주머니	ポケット	차례	順番
주세요	ください	창문	窓
주소	住所	책	本

173

책가방	カバン
책상	机
처음 뵙겠습니다	はじめまして
천	千
추워요	寒いです
축하합니다	おめでとうございます
춥다	寒い
취미	趣味
─층	〜階
치마	スカート
친구	友達
친절하다	親切だ
칠	7
칠월	7月
칠일	7日

ㅋ	
카드	カード
카메라	カメラ
카페	カフェ
커피	コーヒー
컴퓨터	パソコン
컵	コップ
컵라면	カップラーメン
케이팝	KPOP

코	鼻
콘서트	コンサート
콜라	コーラ
크다	大きい

ㅌ	
타다	乗る/燃える
택시	タクシー
토끼	ウサギ
토마토	トマト
토요일	土曜日
토토로	トトロ
티브이	TV
티셔츠	Tシャツ
티켓	チケット

ㅍ	
파티	パーティー
팔	8
팔다	売る
팔월	8月
팔일	8日
팬미팅	ファンミーティング
페이	ペイ
편의점	コンビニ
포도	ぶどう

표현	表現
피아니스트	ピアニスト
피자	ピザ

ㅎ	
–하고	～と
하나/한	一つ
하다	する
하루	一日
하마	カバ
학과	学科
학생	学生
학생 식당	学生食堂
한 개	一つ/1個
한 번 더	もう一回
한국	韓国
한국 요리	韓国料理
한국말	韓国語
한국어	韓国語
한라봉	デコポン
한라산	ハルラサン(漢拏山)
한복	韓服
할머니	おばあちゃん
할아버지	おじいちゃん
핥다	舐める
함께	一緒に

해돋이	日の出
햄버거	ハンバーガー
행복하다	幸せだ
허리	腰
헛웃음	空笑い
형	兄(男性から)
호두	クルミ
호주	オーストラリア
호텔	ホテル
혼자	1人で
홀	ホール
홈페이지	ホームページ
홋카이도	北海道
화가	画家
화요일	火曜日
화장실	トイレ
활동	活動
활용하다	活用する
회사	会社
회사원	会社員
회의	会議
후배	後輩
후쿠오카	福岡
휴가	休暇
휴대폰	携帯電話
희망	希望

著者略歴

申 明直

韓国ソウル生まれ。文学博士（延世大学）。東京外国語大学の客員助教授を経て、現在は熊本学園大学東アジア学科教授（同大学大学院国際文化研究科長）。2007 年から「話してみよう韓国語・KPOP 熊本大会」を開催している。2009 年、NPO 東アジア共生文化センターを立ち上げ、「東アジア共生映画祭」の開催やフェアトレード活動を行っている。主な著書に『幻想と絶望』(東洋経済新報社、2005)、『東アジア市民社会を志向する韓国』（編著、風響社、2019)、『韓国文学ノート』(編著、白帝社、2008)、『日韓における外国人労働者の受入れ』（共著、九州大学出版会、2022)、『世界文学へのいざない』（共著、新曜社、2020) など。

盧 恩明

韓国ソウル生まれ。延世大学を卒業。九州大学大学院法学府で修士号を取得し、博士後期課程を退学。熊本学園大学などで韓国語講師。NPO 東アジア共生文化センターの理事として「話してみよう韓国語・KPOP 熊本大会」、「東アジア共生映画祭」の開催やフェアトレード活動を行っている。著書に『東アジア市民社会を志向する韓国』（共著、風響社、2019)。

辛 敎燦

韓国・扶餘（忠清南道）生まれ。文学博士（熊本学園大学）。2018 年から韓国語講師として熊本大学、崇城大学などで講義を行っている。2011 年より NPO 東アジア共生文化センターの事務局長として「話してみよう韓国語・KPOP 熊本大会」、「東アジア共生映画祭」の開催やフェアトレード活動を行っている。

すらすら韓国語 入門編

初版発行 2023年3月31日

監　　修　申 明直
著　　者　辛 敎燦・盧 恩明
発 行 人　中嶋 啓太

発 行 所　博英社
　　　　　〒370-0006 群馬県 高崎市 問屋町 4-5-9 SKYMAX-WEST
　　　　　TEL 027-381-8453 / FAX 027-381-8457
　　　　　E· MAIL hakueisha@hakueishabook.com
　　　　　HOMEPAGE www.hakueishabook.com

ISBN　　978-4-910132-42-6

＊乱丁·落丁本は、送料小社負担にてお取替えいたします。
＊本書の全部または一部を無断で複写複製(コピー)することは、著作権法上での例外を除き、禁じられています。

定　　価　1,980円 (本体 1,800円)